JN162461

斉藤謠子のハウス大好き
NHK出版

はじめに

「ハウス」は、パッチワークをする人にとって
一生のうち、何度でも作りたいもの。
きっと自分の家を建てるような気持ちで作るのではないでしょうか。

10年以上前に、「ハウス」をテーマにした本を作ったときは
アメリカの家をモチーフにしたものが多かったのですが、
その後、ヨーロッパや北欧を旅するようになり、
アメリカとは異なる風土や文化のもとで
長いときを過ごしてきた家々にひかれました。
特に北欧での手仕事を大事にする精神性は、
人々の暮らしぶりや住まいにも表れていると感じます。
家は、窓の数も、扉の色も、屋根のかたちもひとつひとつ違う。
それらを、前作とは違った色や形を使って、もう一度表現したくなりました。
今回は、パッチワークだけではなく、一枚布を使ったり、アップリケを
施すだけなど、もう少し簡単にできる作品も紹介していますので
新たに楽しんでいただけるのではないかと思います。

家にはそこに住む人がいて、家をとりまく森や川、そして鳥や動物など、
いろんなものたちと一緒に生きている。
そうしたぬくもりを感じるからこそ、作り続けているのかもしれません。

斉藤謠子

Contents

*A〜Dは型紙の掲載面です。

A

B

シルエット

夜になってからの、影絵のような家並みを表現した一枚布のバッグ。
アップリケと刺しゅうをするだけのシンプルな仕立て。表と裏には違う布を使っています。

→page 64

C

ハウス・ポートレート

オレンジの壁、黄色いドア、大きな木の扉……どの家にも顔があって、そこが好き。
家の形をあえて左右対称にしないことで、あたたかみを出しています。
背景はダークな色で締めて。

→page 66

にぎやかな街並み

世界中の建物を、仲良く並べたタペストリー。
鳥の声や木々のざわめきとともに 人々の楽しげな声が聞こえてきそう。
廊下に飾ったら通るたびに眺められると思い、
あえて横長にデザインしました。

→ page68

ペンケース

小さな家が並んだようすは、子どもたちの顔みたい。
ピンクやオレンジを効果的に配して、にぎやかな雰囲気に。
チェック柄は、色のトーンをそろえながら柄の細かさをかえると、
しっくりとなじみます。

→ page 69

COPENHAGEN

春夏秋冬　北欧の四季を、小さな4つの額の中に写し取りました。それぞれの家に、暮らす人や生き物たちの物語があります。

布の柄を、背景として生かすのも楽しい試みです。→ page 70

冬の鳥

北欧の空はグレーがかったミルクのような色。
そんな空の下の静かな風景を描いたミニポーチです。
鮮やかな橙(だいだい)色の鳥がさえずると、遠くで青い鳥が返事をくれました。
キルトラインで風の流れを表現しています。

→ page 76

ボストンバッグ

パンドラの箱のパターンから思いついたデザイン。
後ろ面はミシンキルトした布に大きなポケットをつけてシックに。
前後でリバーシブルのように楽しめます。

→ page 72

煙突のある家

冷気とともに訪れる長い夜。窓から漏れるオレンジ色の灯りを見るとほっとします。
きっと中はもっと明るく、にぎやかなのでしょう。
プラスチックボードを使った丈夫な仕立てなので、
小物入れやナプキンホルダーなど、いろいろ使えます。

→ page 74

ランチバッグ

ころんと丸い、お弁当入れにぴったりのバッグ。
4枚の型紙を縫い合わせて作り、2枚は持ち手に、2枚は結べるようにしています。
青空に映えるしましまの屋根の家に元気をもらって、午後もがんばれそう。

→page 77

ショルダーバッグ

ロゴマークのようなハウスをアップリケしました。
入れ口と後ろ面にファスナーをつけているので、
旅行のときも安心です。
体に沿うように、
ショルダーひもはわきから斜めに出しました。

→ page 78

青い塔

円柱形のバッグは意外とよく使います。傘やペットボトルを入れるのに便利なのです。
前後に大きな扉をつけて、古いレンガを同系色のピースワークで表現。
上下端と持ち手は黒系で締めるとシックな雰囲気に。

→ page80

ソーイングポーチ

春が来ました。
新緑の香りや柔らかい風を受けて、家もうれしそう。
そんな風景を描いたソーイングポーチ。ふたの裏側のポケットには、
チュールを使って中が見えるデザインにしました。
何でも入る、頼もしい大きさです。
→ page81

Ullestoppgarn
med nylon
M&B

友達をたずねて

石造りの壁に、青い屋根。
「こんなすてきな家に友達が住んでいたら、毎日遊びに行きたい！」
と思うようなハンディサイズのポーチを作りました。
お好みで、屋根の下にフリルのようにシェードを刺しゅうしても。

→ page56

Tave

きのこの家とてんとう虫

森の中に、赤いきのこの家に住むてんとう虫たちがいました。
お天気がいい日は、外でごはんを食べています。
散歩や近所での外食にちょうどいいような小ぶりなバッグですが、
お好みで型紙を拡大して作っても。

→ page 84

Restaurant

Restaurant

石造りのレストラン

ヨーロッパで目にする、
古い石造りのレストランをそのままバッグに。
まちと底幅もたっぷりのビッグサイズで、
2つの外ポケットがあるのもうれしい。
おいしい料理の匂いと、楽しげな会話が聞こえてきそう。
階段や扉、シェードも再現しました。

→ page85

B

A

アパートメント・パスケース

2つのアパートをパスケースにしました。
パスを落とさないよう、屋根の隙間から差し入れる仕立て。
裏面にビニール地を使って、スーツケースの名札にしても。
ひもの輪の大きさは調節できます。

→ page88

ソーイングケース

毎日使うソーイングケースなので、
デザインも考え抜きました。
本体と屋根をかっちりとはめる仕立ては難易度が高いので、
屋根は上にのせ、
ふたの裏を針山にすることで安定させています。

→ page 90

SEWING CASE

フラットポーチ

家の形を生かしたミニポーチ。キャンディーやハンカチ、マスクなど
こまごましたものを入れておくと、さっと出し入れできて便利。
ファスナーの色がアクセント。

→ page 71

1ª T.

めがねケース

色とりどりの家を並べてドアを刺しゅうしためがねケース。
まちにミシンステッチを入れて、軽く折りたためるようにしました。
口布に縫いつけたマグネットで留める仕立て。
レンズを傷つけないように、裏布はフランネルなどの布がおすすめです。

→ page93

アルザスの街

私の大好きなフランス・アルザス地方の家並みを描いたミニタペストリー。ひしめくように並んだ屋根の色や窓の形はみんな少し違うけれど、ひとつの風景として調和し、見る人を安心させます。 → page 95

How to Make

◎寸法図、作り方図

図中の寸法の単位はcmです。また寸法図は一部を除いて、縫い代を含まない寸法です。それぞれ図中にある縫い代をつけて裁断します。一般にパッチワークのピース布は0.7cm、アップリケ布は0.3〜0.4cmの縫い代をつけます。

◎出来上がり寸法

寸法図の大きさで表記しています。仕上げた作品はキルティングの分量や縫うときの手加減で、寸法が多少違ってきます。キルティングが終わったら、再度寸法を確認して、次の作業にとりかかるとよいでしょう。

◎布目

大きなパーツやバイアスなどの場合を除いて布目線を表示していません。柄の布は柄に合わせて、はぎれの場合は裁断しやすい布目で裁断してください。

◎材料の糸

縫い合わせの糸、キルト糸は材料表示の中から省いています。布に合わせて必要な糸を用意してください。

◎バッグの仕立て

バッグやポーチはミシンで縫い合わせています。手縫いで仕立てる場合は本返し縫い(53ページ参照)で縫い合わせます。

こんな用具を使います

1 パッチワークボード　やすり面は裁断の際の布地の印つけに、裏側の布地面はアイロン台として使える。

2 フープ　直径45cm。大きい作品のキルティングに。

3 刺しゅう枠

4 文鎮　小さい作品をキルティングするときに、重石(おもし)として使用。

5 アイロン　小型のものが使いやすい。

6 定規　縦、横に線の入ったマス目の方眼定規が便利。

7 はさみ　上から、糸用(小ばさみ)、布用、紙やキルト綿用の３種類を用意して使い分けるとよい。

8 ライトテーブル　アップリケや刺しゅうの図案を布に写すときに使用。

9 シンブル　キルティングのときに指の保護に使う。
a 陶器製、**b** メタル製、**c** レザー製。

10 指ぬき

11 ゴムの指サック

12 糸切りリング
＊**9**～**12** のつけ方は、60ページ⑥-**1** を参照。

13 布用印つけペン　生地の色に合わせて濃淡２色あると便利。

14 へら　縫い代を倒したり印つけに使う。
a 直線用、**b** 曲線用。

15 ラクトぎり(または目打ち)　型紙を写すとき､印つけに。

16 プラスチックスプーン　キルティングの前のしつけをかけるときに使う。赤ちゃん用のミルク計量用スプーンが使いやすい。

17 プッシュピン　３層に重ねてキルティングのしつけをかけるときの固定用に。

18 手縫い針
a しつけ用の長い針。
b、**c** ピースワーク用の縫い針。**c** の黒針は丈夫なので厚手の布のときに使う。
d キルティング用の短いキルト針。
このほか、刺しゅうをする場合は刺しゅう針を、立体作品の縫い合わせにはカーブ針を用意する。

19 待ち針　短い待ち針はアップリケを留めるときに邪魔になりにくく便利(留め方は57～58ページ参照)。

20 糸
a しつけ糸。
b、**c** ピースワークやアップリケに使うポリエステルの縫い糸（50番）。ミシン縫いにも使う。
d キルティング用のキルト糸。

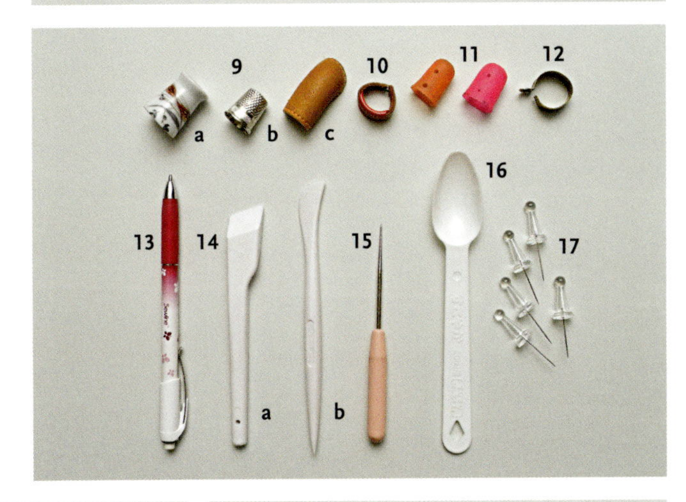

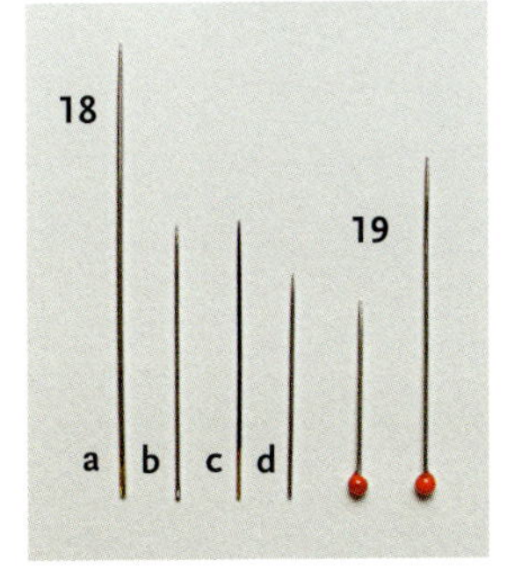

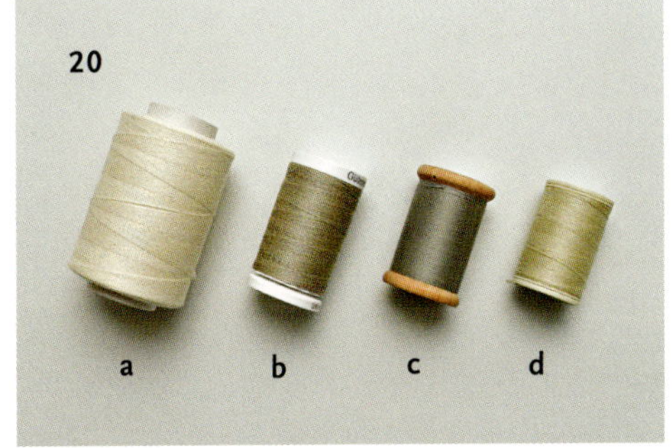

作品に使った付属品

A ファスナー　ボストンバッグ→ page18、友達をたずねて→ page32、石造りのレストラン→ page38 など

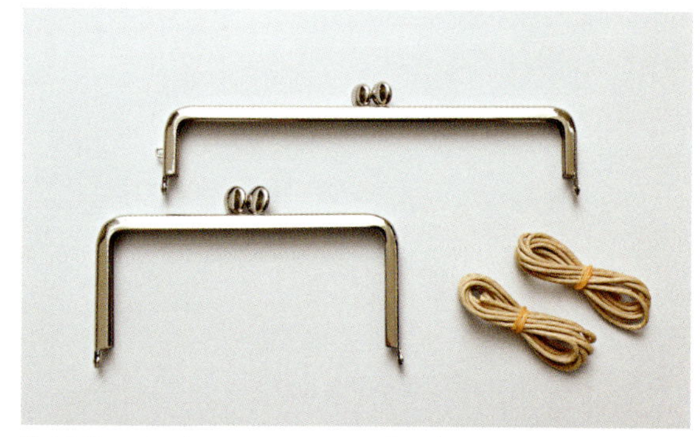

B 口金　ペンケース→ page12、冬の鳥→ page16

C チュール　ソーイングポーチ→ page30

D テープ　ボストンバッグ→ page18、ショルダーバッグ→ page26、青い塔→ page28、石造りのレストラン→ page38 など

E ひも（木綿製、革製）　アパートメント・パスケース→ page40

F 額縁　春夏秋冬→ page14

G 分厚いボール紙（左）／プラスチックボード（右）
煙突のある家→ page22／ソーイングケース→ page42

H リング　フラットポーチ→ page44

手縫いの縫い方

本返し縫い

コの字とじ（すくいとじ）

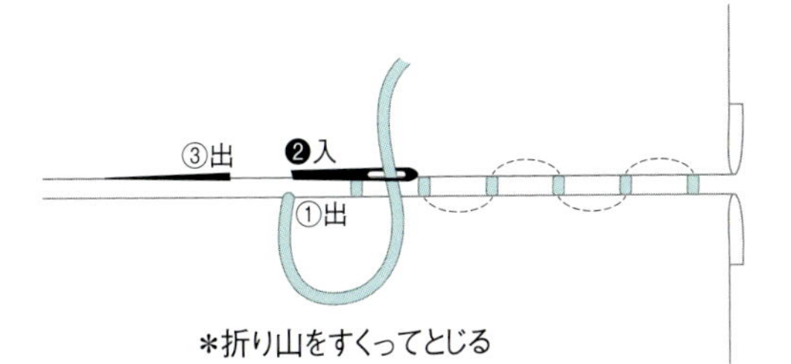

巻きかがり

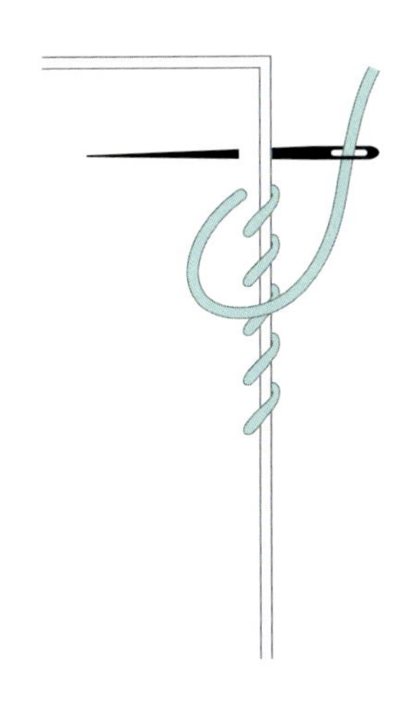

奥たてまつり

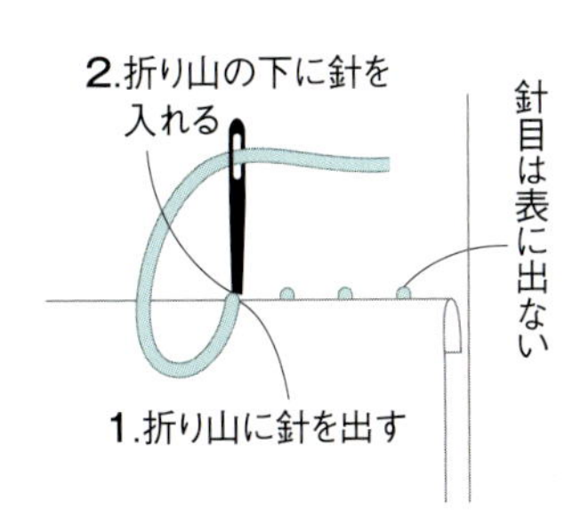

たてまつり

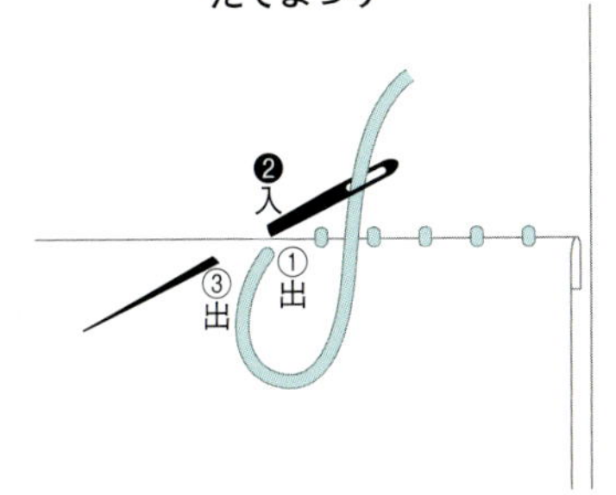

刺しゅうのステッチ

アウトライン・ステッチ

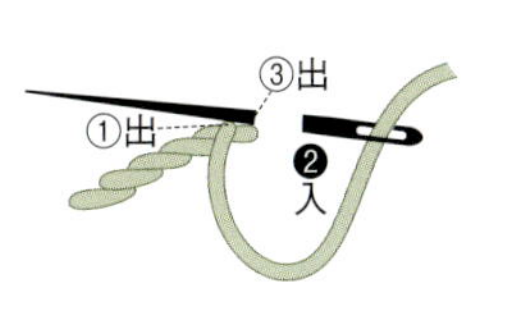

サテン・ステッチ

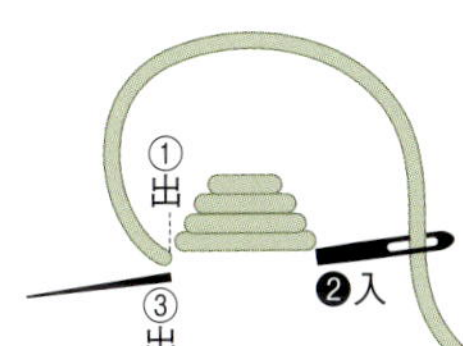

チェーン・ステッチ

ランニング・ステッチ

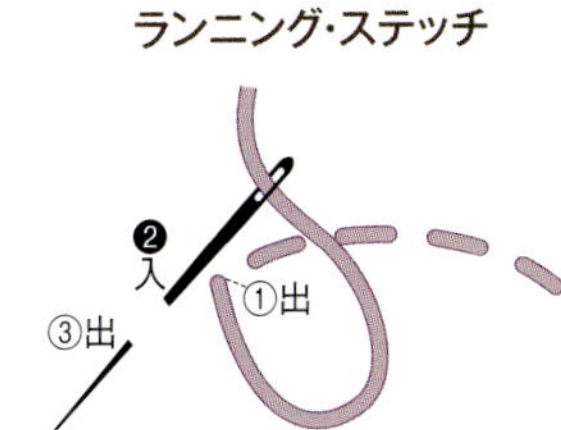

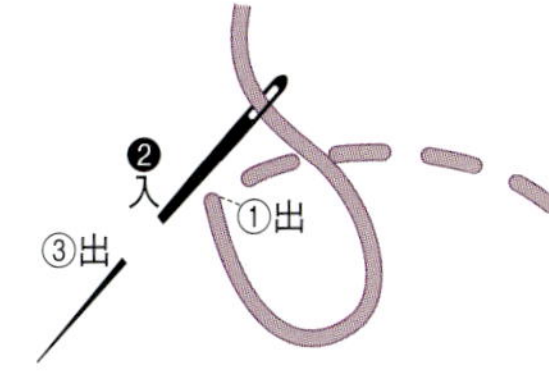

コロニアルノット・ステッチ

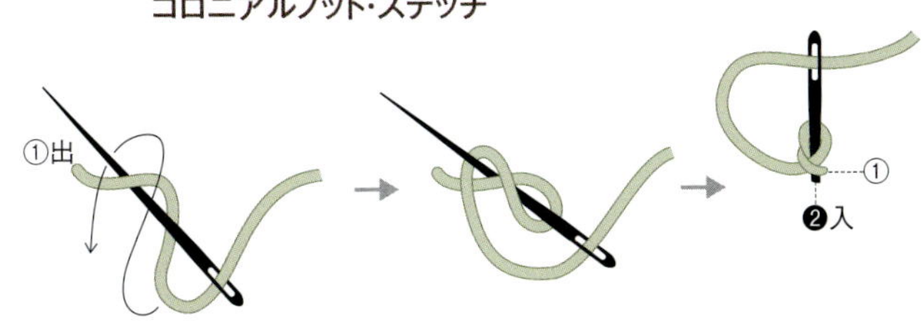

レイジーデイジー・ステッチ

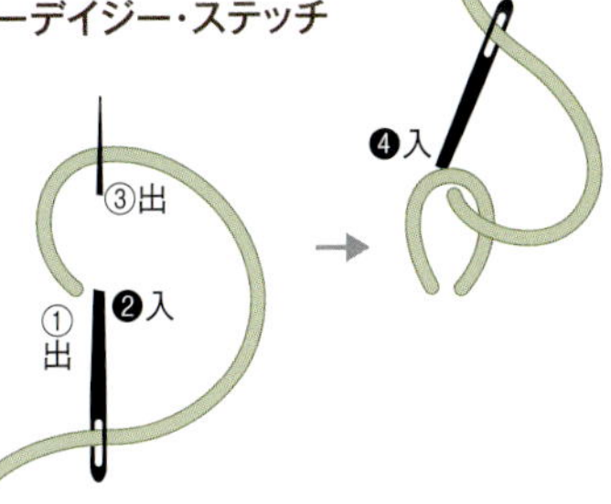

フレンチノット・ステッチ　＊巻く回数を増やすと大きくなる

［1回巻き］

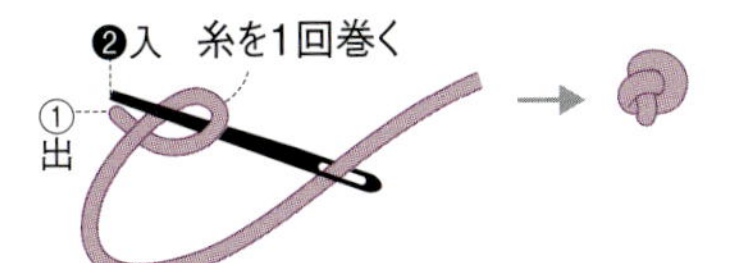

［4回巻き］

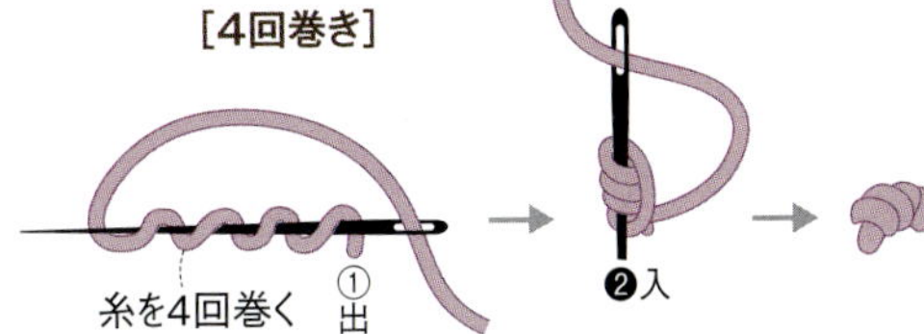

ストレート・ステッチ

布選び・布合わせのコツ

青い塔 → page28

煙突のある家 → page22

きのこの家とてんとう虫 → page34

春夏秋冬 → page14

春夏秋冬 → page14

表情を生かした布づかい

布をよく見て、柄や色の濃淡、質感を生かした配置をイメージしてみましょう。例えば、グラデーションのある布なら、壁の凹凸や古びた感じなどの表情を出せます(青い塔)。ボーダー柄の色がかわるところで仕切りを表現したり、チェック柄を窓の格子にすることもできます(煙突のある家)。森の景観や、葉・花などの具体的なモチーフがプリントされている布は、それだけで背景として成り立ちます。応用として、ドット模様をきのこの傘に(きのこの家とてんとう虫)、葉のプリントを森に、こすれたような模様を天の川に(春夏秋冬)見立てられたりすると表現の幅も広がります。作品から布を考える、布から作品を選ぶ、どちらもできると楽しいですね。

ショルダーバッグ → page26

ハウス・ポートレート → page8

冬の鳥 → page16

裏布は実用的かつおしゃれに

バッグやポーチ類は、中がよく見えるように裏布(内側の布)を明るくしています。汚れの目立つ白や薄い色の無地は避け、ニュアンスのある明るい柄布がおすすめです。表側と同系色にして統一感を出してもいいですし(ショルダーバッグ)、表側が淡い色やダークな色のときは、裏布はチェックにするなど柄で遊んでも(ハウス・ポートレート、冬の鳥)。開いたときにお気に入りの柄がのぞくと、気分も上がります。

幼いころから布を眺めているのが大好きでした。
20年ほど前から布のデザインもさせてもらっていますが、その中で新たに思いついた布づかいやキルトのアイデアも多くあります。
この本にある作品をもとに、仕上がりの印象をよりよくするポイントをいくつかご紹介します。

ソーイングポーチ →page30

ソーイングケース →page42

ボストンバッグ →page18

キルティングによるさまざまな表現

キルティングによる効果は、景色の表現だけではなく、アップリケをしたように見せたり、柔らかさやシャープさの質感を出すこともでき、手間をかけることで豊かな表情が生まれます。背景布は、柄とキルティングの方向がけんかしないように配置します(ソーイングポーチ)。牧歌的な雰囲気を出したいときはあえて少しいびつにキルティング(ソーイングケース)。メンズっぽくしたいときは、無機質なラインに(ボストンバッグ)。

アパートメント・パスケースB →page40

アパートメント・パスケースA →page40

フラットポーチ →page44

効かせ色の使い方

最近、明るい赤や黄色、青などを使うことが多くなりました。土台布には使いづらくても、ドアや窓などの小さいパーツに使ったり、チェック柄の中に少し明るい色を入れたりするとアクセントになります。フランネルなどであれば、起毛によって色柄が柔らかく出るので、ほどよい明るさを出したいときに便利。布の裏面を使って柄の強さを抑えたり、柄のいびつさを生かしても(アパートメント・パスケース、フラットポーチ)。

布選びの目を養うには、とにかくいろいろな布を見て経験を積むことです。すてきだと思った作品のほかに、旅先の風景、絵や写真から美しい色合わせや素材を研究するのも大切です。でもいちばん大事なのは、失敗をおそれないこと。私もこれまで、数えきれないほど失敗をしてきました。今でも「もっとこうしたら」と日々思うことの連続です。布の裏面を使う、思い切った柄合わせをする、パッチワーク用ではない布を使ってみる、などいろいろ試してみましょう。偶然から思わぬよい化学反応が起きることも多々あるのです。

友達をたずねて 作品→page32

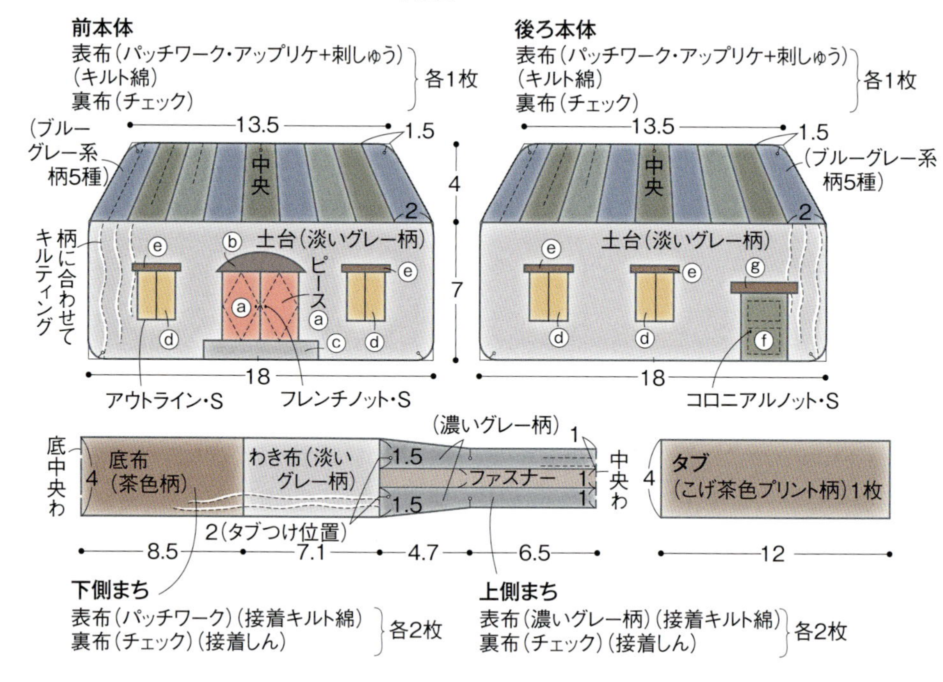

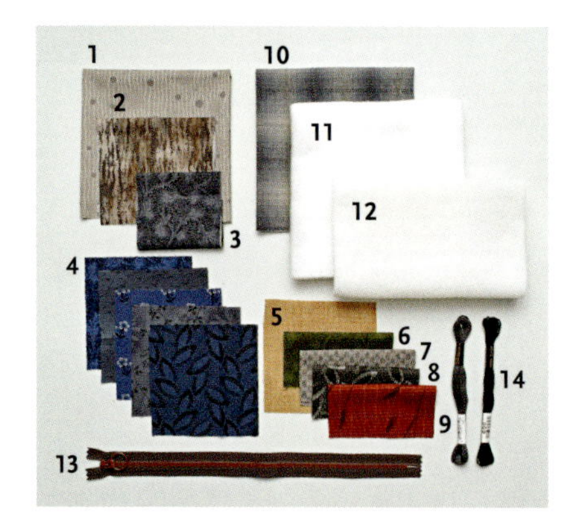

★出来上がり寸法
丈11cm　幅18cm　底のまち幅4cm
★実物大型紙は、付録C面に掲載。
★作り方写真ではわかりやすいように、一部糸の色をかえています。

*タブは裁ち切り
*前後本体のピースは0.7cm、アップリケ布は0.3～0.4cm、(ⓒとⓕの下側は1cm)裏布とキルト綿は3cm、そのほかは1cmの縫い代をつけて裁つ
*下側まちは、接着しんは裁ち切り、裏布は3cm、そのほかは1cmの縫い代をつけて裁つ
*上側まちは、接着しんは裁ち切り、ほかのパーツはファスナーつけ側1cm、そのほかは2cmの縫い代をつけて裁つ
*縫い代始末用バイアス布(チェック柄)は2.5×10cm、2.5×63cmを各2本ずつ裁つ

材料

1 木綿地　淡いグレー柄…30×25cm(前後本体土台・下側まちわき布)
2 木綿地　茶色柄…15×20cm(底布・ピースⓔⓖ)
3 木綿地　濃いグレー柄…15×30cm(上側まち)
4 木綿地　ブルーグレー系柄5種…各10×12cm(屋根のピース)
5 木綿地　黄土色柄…10×10cm(ピースⓓ)
6 木綿地　緑柄…6×6cm(ピースⓕ)
7 木綿地　こげ茶色市松柄…5×10cm(ピースⓒ)
8 木綿地　こげ茶色プリント柄…12×11cm(ピースⓑ・タブ)
9 木綿地　赤柄…10×10cm(ピースⓐ)
10 木綿地　チェック…100×50cm(裏布・縫い代の始末用バイアス布)
11 キルト綿…50×30cm
12 両面接着キルト綿…40×45cm
13 ファスナー…25cm以上　1本
14 25番刺しゅう糸　黒・グレー…各適宜
このほかに、接着しん35×10cm

① 本体のパーツを裁つ

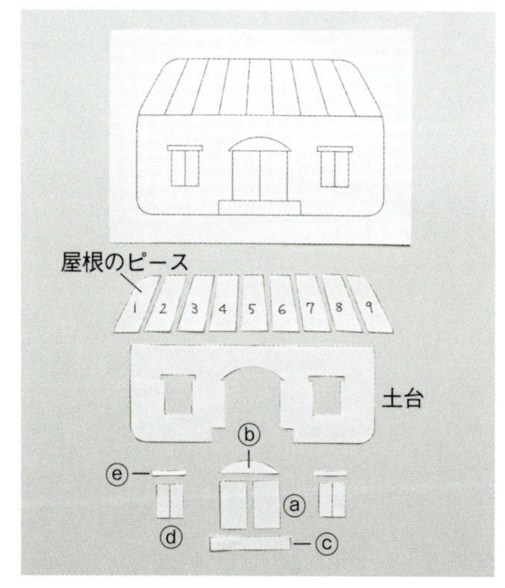

1 前本体の図案を2枚用意する。1枚は各ピースの裁断用に切り離す。屋根はピースを間違えないように番号を書き入れる。

2 屋根のピースを裁つ。布の裏面に型紙を裏返して置き、出来上がり線を描き、番号も書いておく。

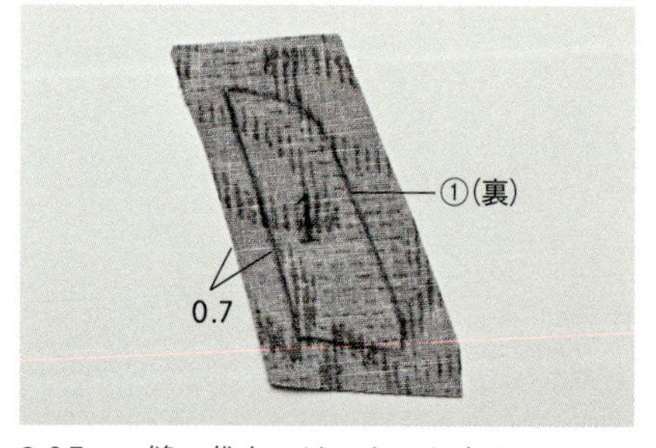

3 0.7cmの縫い代をつけてカットする。

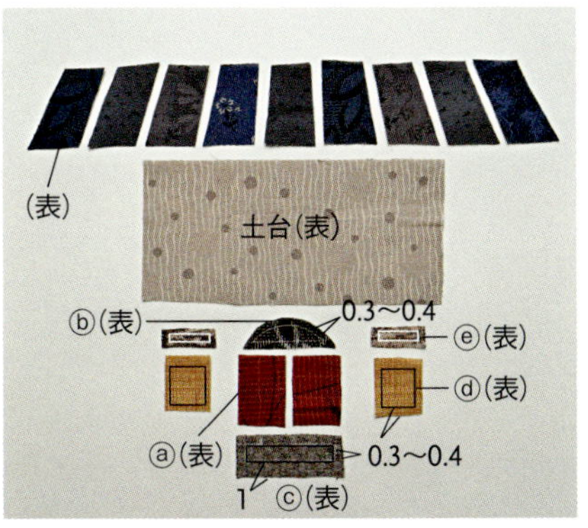

4 同じ要領で屋根のピースを9枚裁つ。アップリケの土台布は、上端0.7cm、そのほかは1cmの縫い代をつけて裁つ。アップリケのピースは、布の表面に型紙を当てて出来上がり線をしるし、0.3〜0.4cmの縫い代をつけて裁つ。ただしピースⓐは2枚を縫い合わせてからアップリケをするので、布の裏面に印をつける。

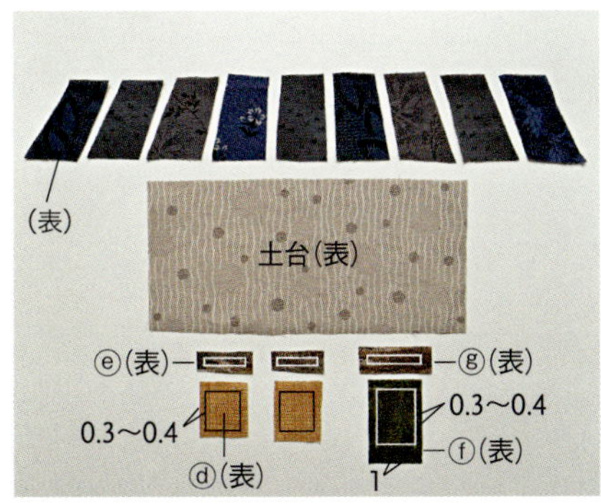

5 同じ要領で後ろ本体の各ピースを裁断する。

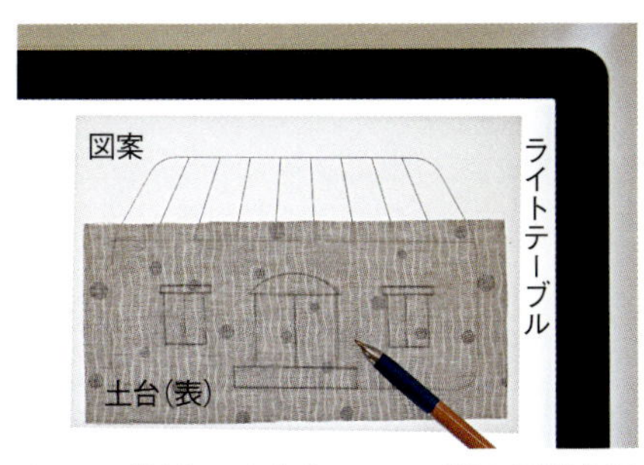

6 アップリケの土台布にアップリケ図案を写す。まずライトテーブルの上に図案をのせ、その上に土台布を重ねて、布の表面に印つけペンでアップリケ図案を写す。

＊ライトテーブルがない場合は、明るい日中に透明な窓ガラスを利用して写す。

②ピースワークをする

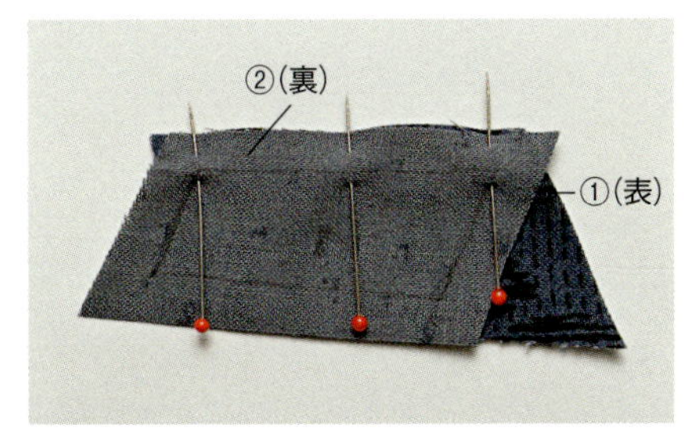

1 屋根の①と②のピースを中表に合わせ、両端と中間を待ち針で留める。

2 糸端に玉結びを作り、印の0.5cm手前から針を入れて1針すくう。

3 1針戻って返し縫いをする。

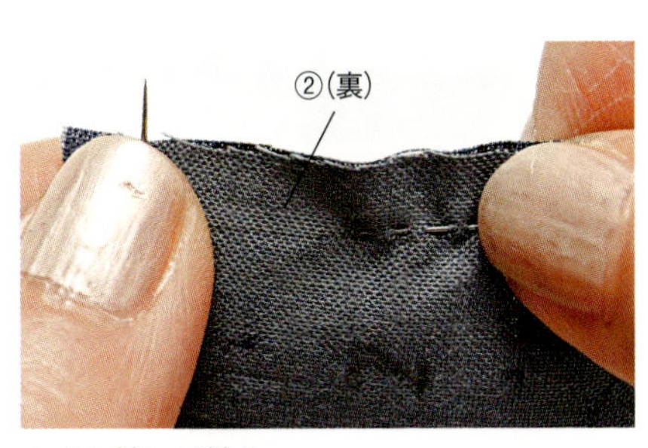

4 ぐし縫いで縫う。

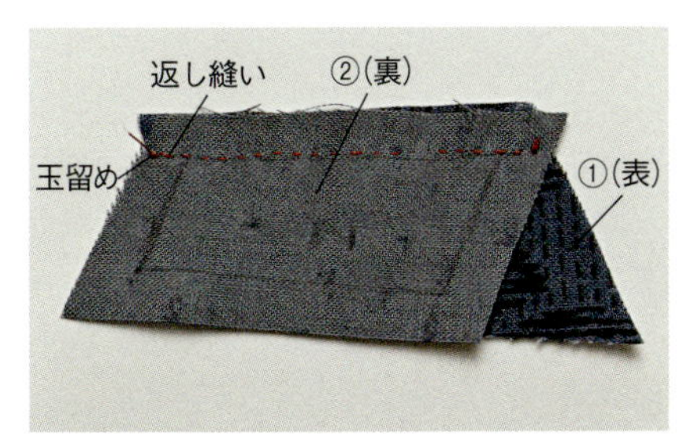

5 印の0.5cmぐらい先まで縫い、1針返し縫いをして玉留めをする。

6 2枚の縫い代端を裁ちそろえる。

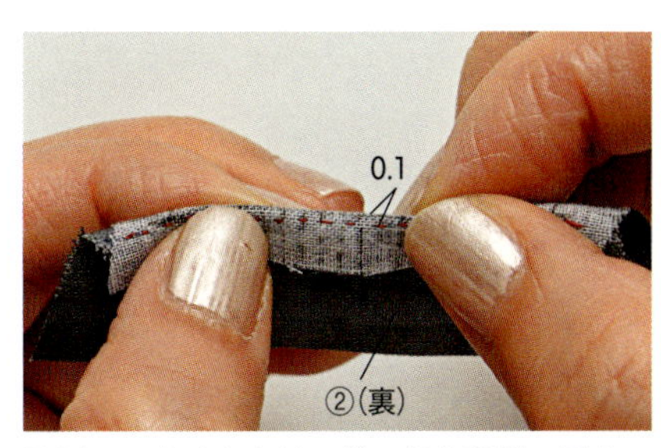

7 0.1cmのきせをかけて縫い代を②側に倒す。

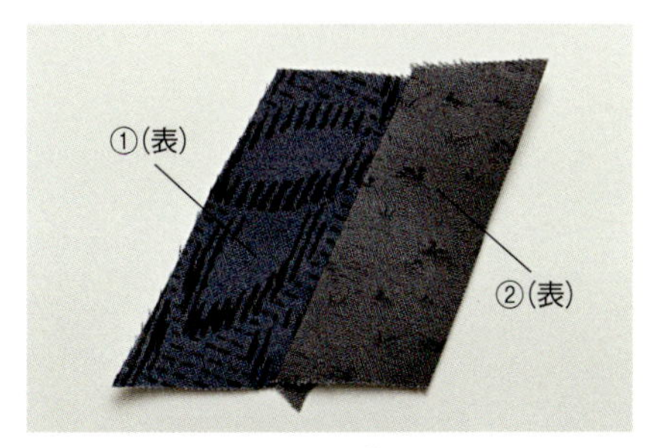

8 表に返してアイロンで整える。

9 ①〜⑨のピースを同じ要領で縫い合わせる。縫い代は同じ方向に倒す。後ろ本体の屋根のピース9枚も同様に縫い合わせる。

③アップリケをする

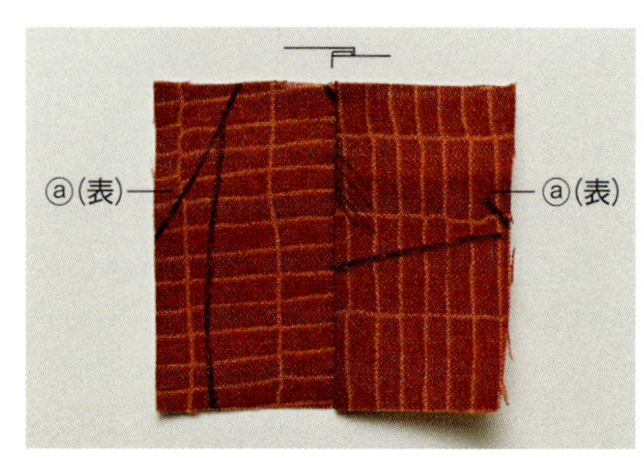

1 前本体のピースⓐ2枚を中表に合わせて縫い、縫い代を片側に倒す。

2 サイドの縫い代を裏面に折ってへらでしごく。

3 ⓐの反対側のサイドも同じ要領で縫い代を折る。

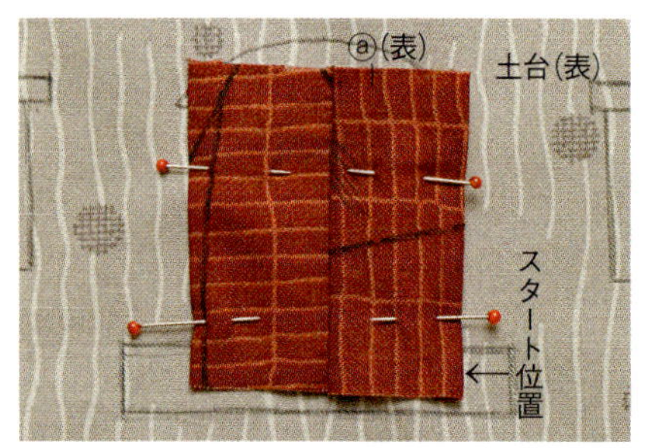

4 土台布の図案に合わせてピースⓐを待ち針で留める。右わきの下がアップリケのスタート位置。

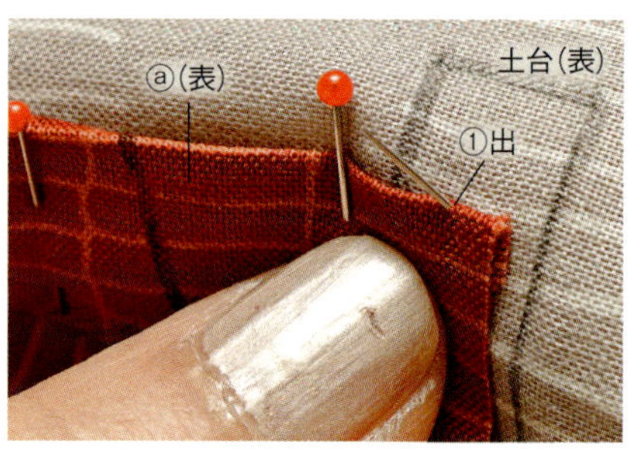

5 奥たてまつりでアップリケをする。まず土台布の裏面からⓐのスタート位置の折り山に針を出す(①)。

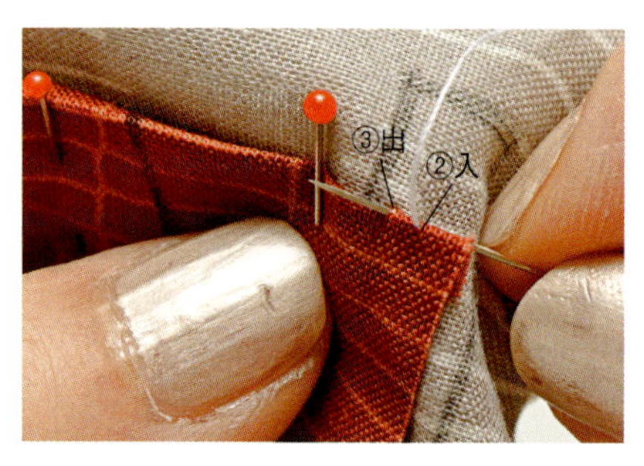

6 折り山の真下に針を入れ(②)、0.3cm程度先の折り山に針を出す(③)。この奥たてまつり(53ページ参照)を繰り返してまつる。

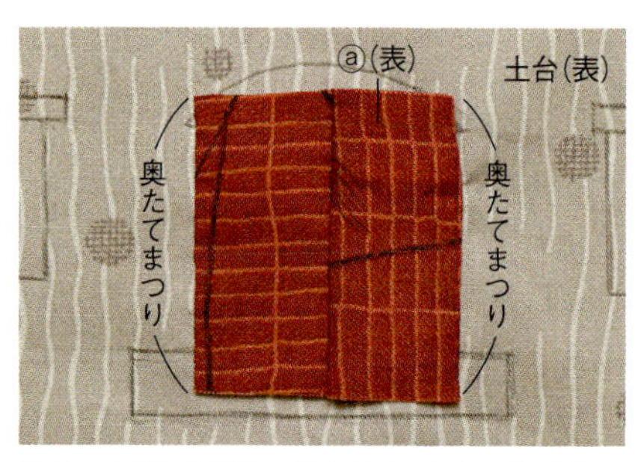

7 ピースⓐの両サイドを奥たてまつりでまつる。上下の辺はピースⓑ、ⓒを重ねるのでまつらない。

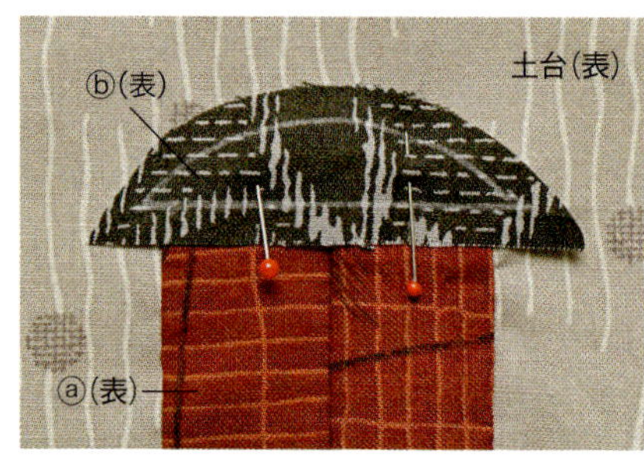

8 ピースⓑを図案位置に待ち針で留める。

9 下側の直線のところから針先で縫い代を折り込みながら奥たてまつりで印から印をまつっていく。角まで来たら、必ず角に針を出す。

10 角のはみ出した縫い代をカットする。

11 鋭角の角は、縫い代を3回に分けて折り込むときれいにできるので、針先でまず縫い代を半分ぐらい三角に折り込む。

12 もう1回縫い代を三角に折り込んでから、残りの縫い代を印の線に沿ってさらに針先で折り込む。

13 角を印の線どおりに形よく整えて、奥たてまつりでまつる。

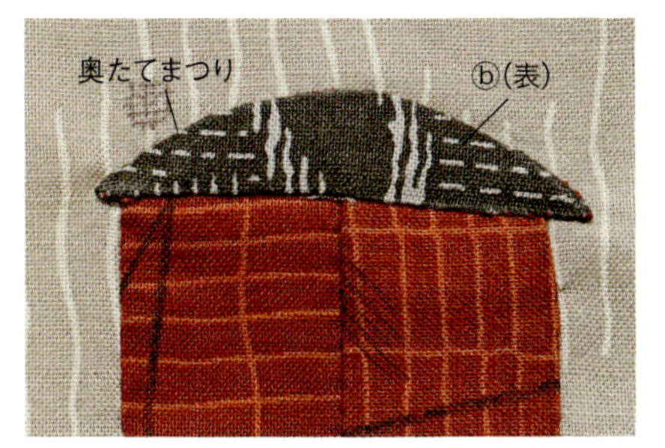

14 残りの部分も針先で縫い代を折り込みながら、奥たてまつりでまつる。

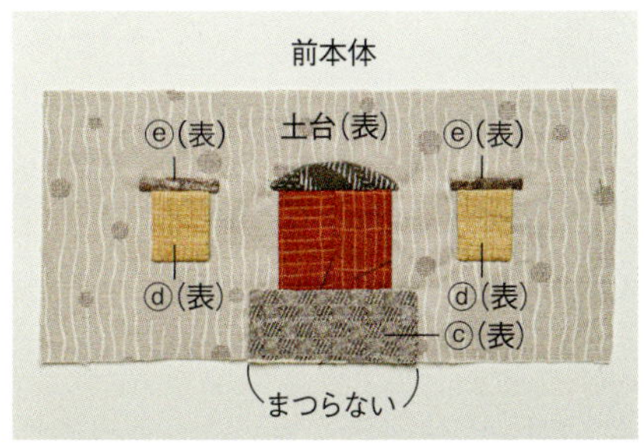

15 前本体の残りのアップリケもⓒ、ⓓ、ⓔの順に奥たてまつりでアップリケをする。

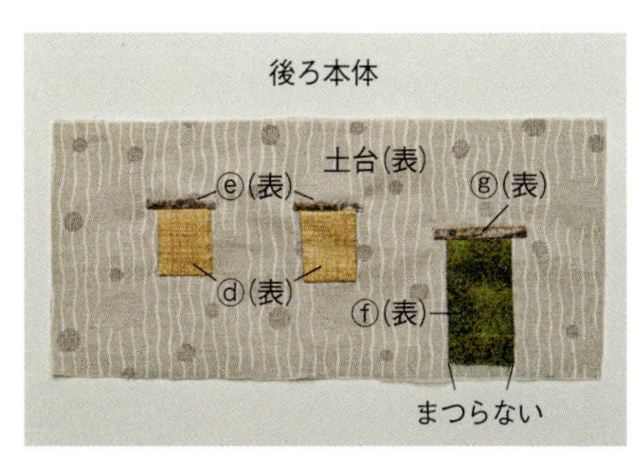

16 後ろ本体の土台布にも、前本体と同じ要領でⓓ〜ⓖの順に奥たてまつりでアップリケをする。

④屋根と本体を縫い合わせて刺しゅうをする

＊刺しゅうのステッチは53ページを参照
＊S＝ステッチ

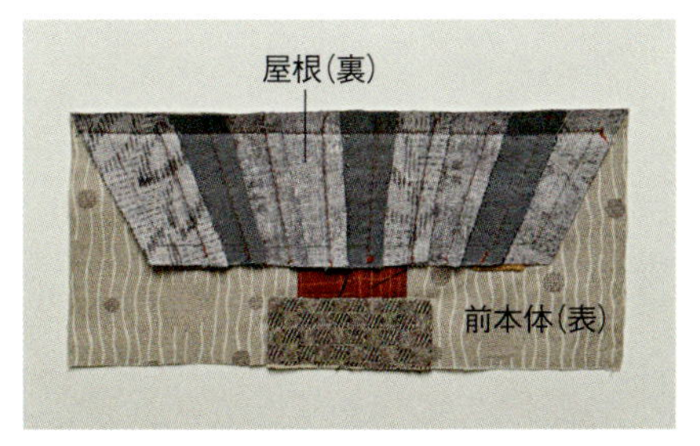

1 アップリケをした前本体の土台と屋根を中表に合わせて縫う。

2 1の縫い代を屋根側に倒してアイロンで整える。

3 刺しゅう位置に、刺しゅう枠をはめて布をぴんと張る。

4 ピースⓐのアップリケの横にアウトライン・S(黒・4本どり)を刺す。刺し始めは糸端に玉結びを作って裏面から入れ、刺し終わりは布の裏面で玉留めをする。

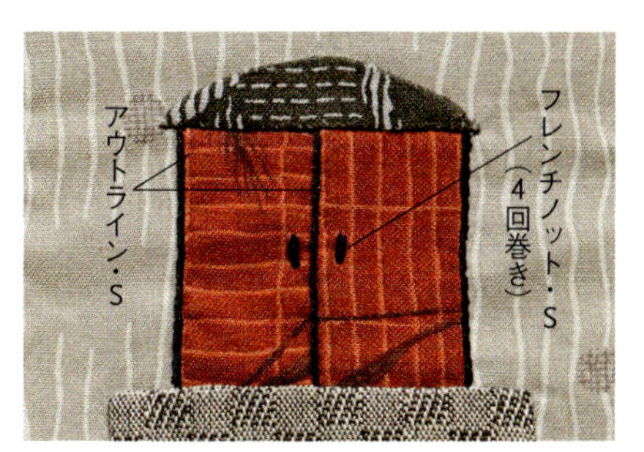

5 ピースⓐの反対側の横と中央にもアウトライン・Sを刺す。扉の取っ手はフレンチノット・S 4回巻き(黒・4本どり)で刺す。

6 ピースⓓの窓の外回りと中央にアウトライン・S(グレー・4本どり)を刺す。

7 前本体の刺しゅうが済んだら、屋根の各ピースの中間にキルティングラインを印つけペンで描く。

8 後ろ本体も同様に屋根を縫い合わせ、刺しゅうを刺してキルティングラインを描く。

⑤3層に重ねてしつけをかける

1 前本体の裏布、キルト綿を、周囲に2〜3cmの縫い代をつけて裁断する。

2 平らな板の上に裏面を上にして裏布を置き、形を整えてプッシュピンで留める。
＊平らな板がない場合は畳の上などで行う。

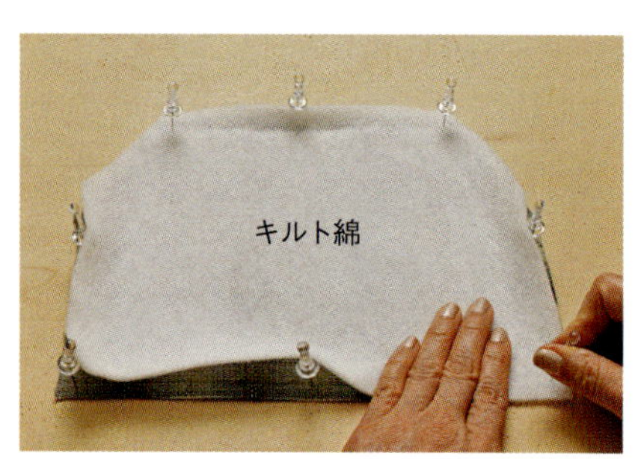

3 2の裏布にキルト綿を重ね、たるまないようによくなじませながら、2のプッシュピンをはずしながら留め直す。

4 3の中央にトップを置き、よくなじませてトップの周囲をプッシュピンで留める。

5 しつけをかける。しつけは中央から端に向かって縫う。まず糸端に玉結びを作り、中心から左に向かって大きめに1針すくう。このとき裏布までをすくい、針先をスプーンの先で持ち上げると、針を楽に抜くことができる。この要領で1針ずつ縫い進める。

6 端まで縫ったら、最後は1針返し縫いをし、糸は端を2〜3cm残してカットする。

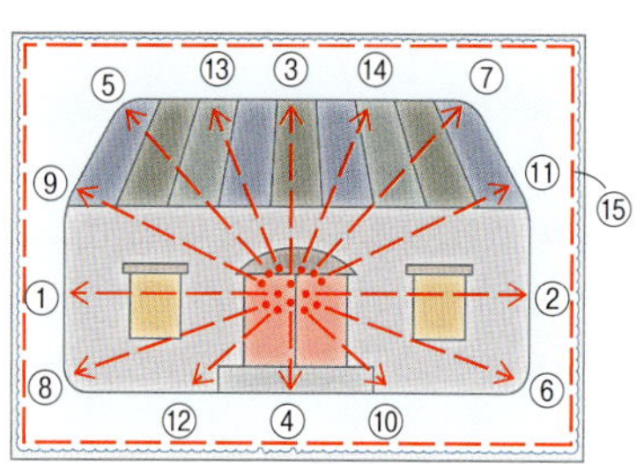

7 5、6の要領で②〜⑭の順に、中央から放射状にしつけをかける。最後に周囲の縫い代にしつけをかける(⑮)。後ろ本体も同様に3層に重ねてしつけをかける。

⑥キルティングをする

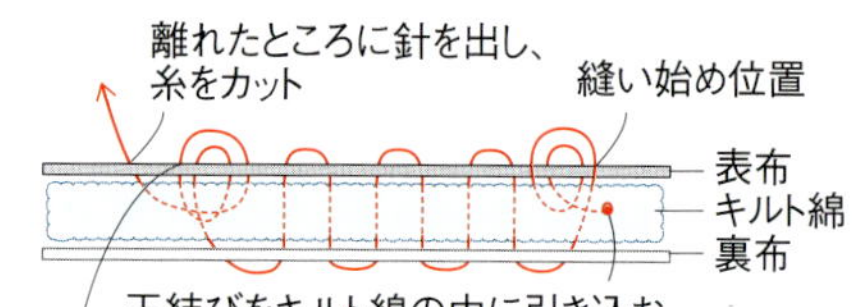

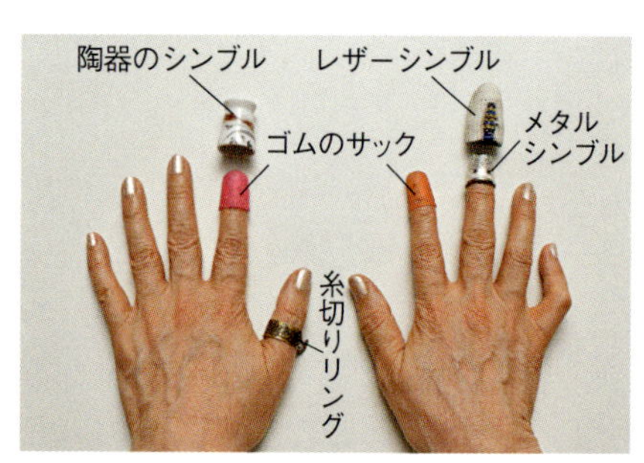

1 指を保護するために、指先にゴムのサックやシンブルをつける。

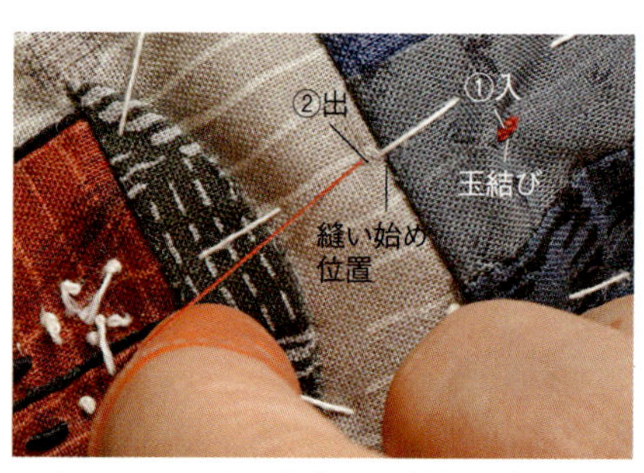

2 キルティングは中央から外側に向かって縫う。まずキルト糸の端に玉結びを作り、縫い始め位置から少し離れた表面から針を入れる(①)。キルト綿までをすくって縫い始め位置の1目先に針を出し(②)、糸を引いて玉結びをキルト綿の中に引き込む。

3 1目戻って針を入れ(③)、キルト綿までをすくって②と同じところに針を出す(④)。

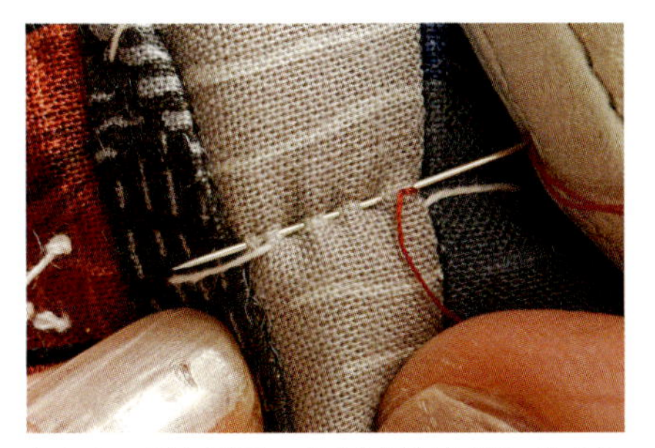

4 もう一度Ｉ目戻って③と同じ位置に針を入れ、今度は裏布まですくってぐし縫いをする。

5 キルティングの縫い終わりは、Ｉ目先に針を出し、Ｉ目戻ってキルト綿までをすくって同じところに針を出す。

6 もう一度同じところに戻って針を入れ、キルト綿の中に針をくぐらせて少し離れた位置に針を出し、布のきわで糸を切る。

7 キルティングがＩ本縫えた。

8 前本体のキルティングはまずアップリケの土台布に、柄に合わせて自由にキルティング。次に扉の内側、屋根のキルティングをし、最後にピースのはぎ目やアップリケの周囲に落としキルト（ピースやアップリケの縫い目のきわにするキルティングのこと）をする。キルティングが終わったら外回り以外のしつけを抜く。

9 後ろ本体も前本体と同様にキルティングをする。

⑦ 下側まちを作る

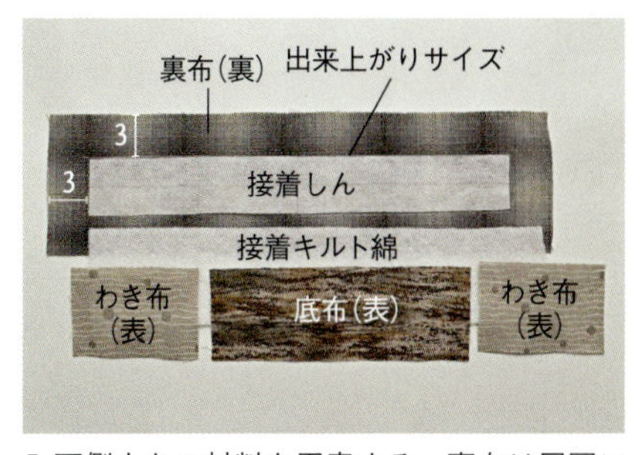

1 下側まちの材料を用意する。裏布は周囲に3cmの縫い代をつけて裁ち、裏面に出来上がり寸法にカットした接着しんをアイロンではる。そのほかのパーツはIcmの縫い代をつけて裁つ。

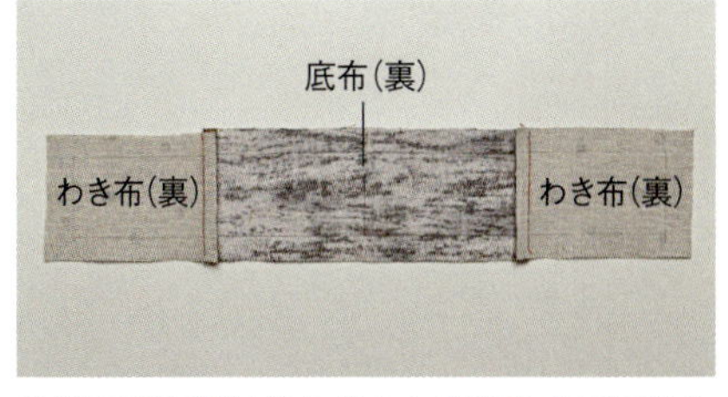

2 底布の両側にそれぞれわき布を中表に合わせて縫う。縫い代は底布側に倒してアイロンで整える。

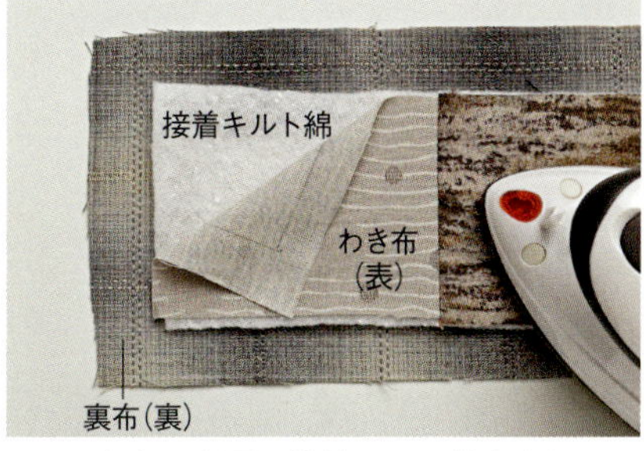

3 2の表布の裏面に接着キルト綿を合わせ、裏布の裏面に重ねてアイロンで接着する。

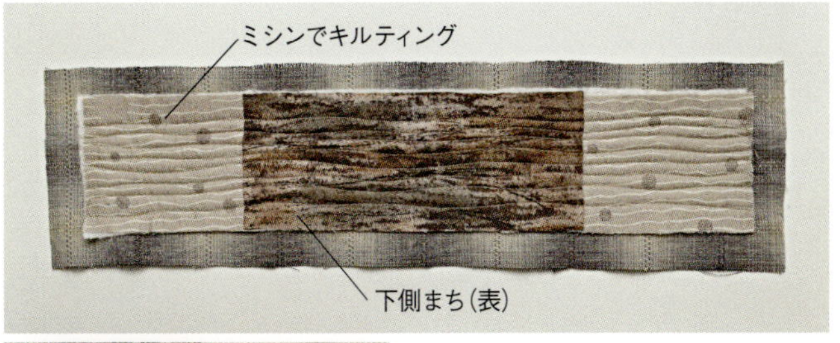

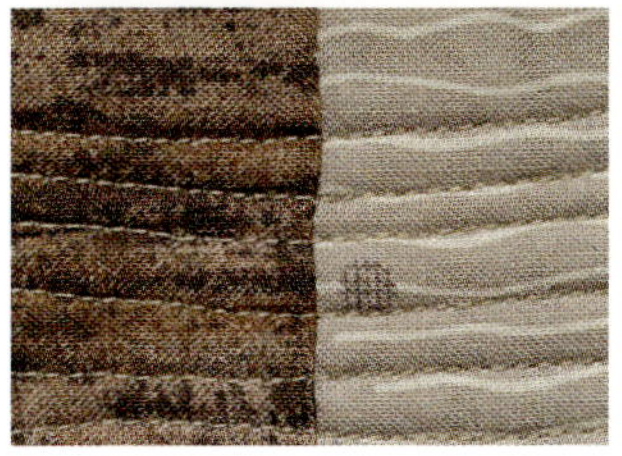

4 布の柄に合わせて、ミシンで自由にキルティングをする。下側まちができた。

⑧ 上側まちを作る

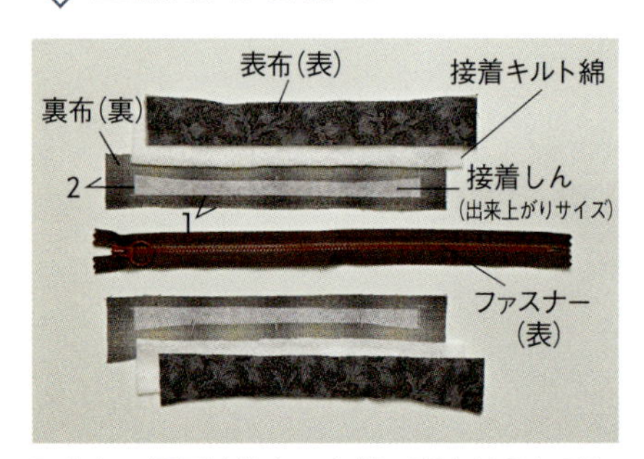

1 表布、両面接着キルト綿、裏布はそれぞれファスナーつけ位置は1cm、それ以外は2cmの縫い代をつけて各2枚ずつ裁つ。裏布は裏面に出来上がり寸法にカットした接着しんをはる。

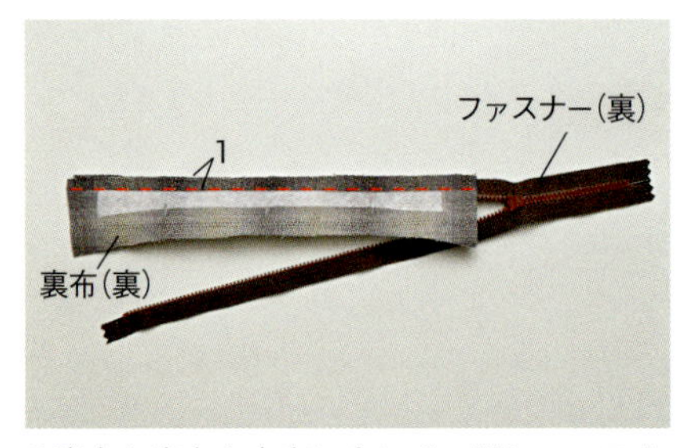

2 裏布と表布を中表に合わせ、間にファスナーをはさみ(ファスナーは開いておく)、表布の裏面には接着キルト綿を合わせ、4枚を重ねて縫う。

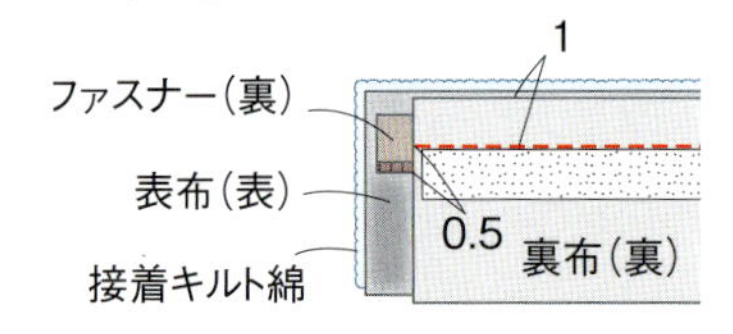

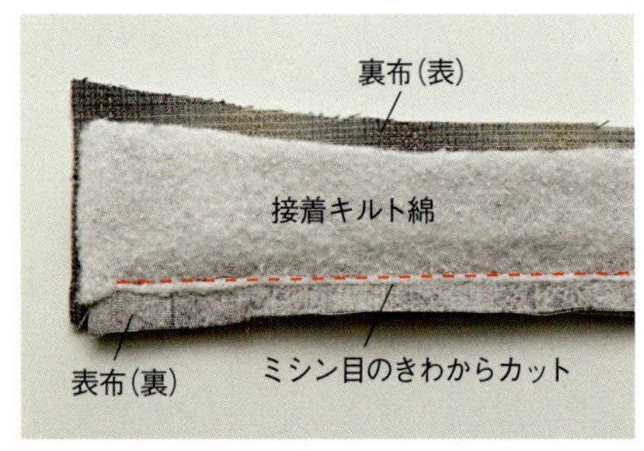

3 接着キルト綿の縫い代をミシン目のきわからカットする。

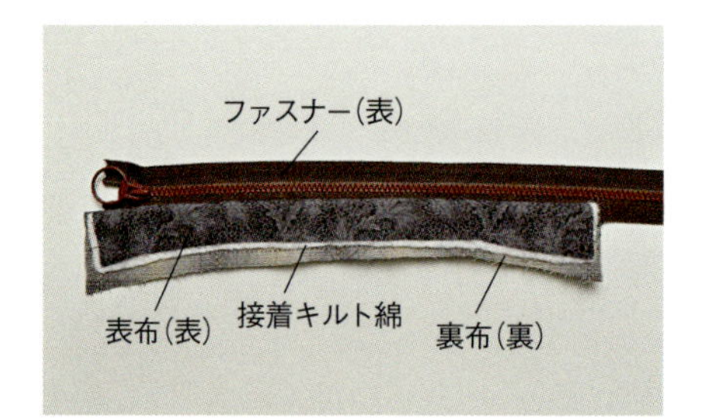

4 表に返して形を整え、アイロンを当てて接着キルト綿を接着させる。

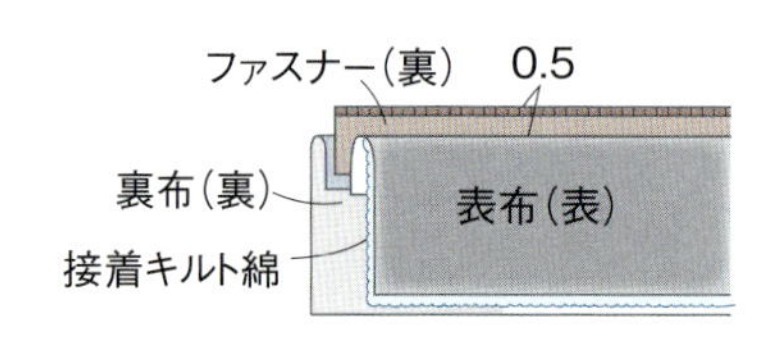

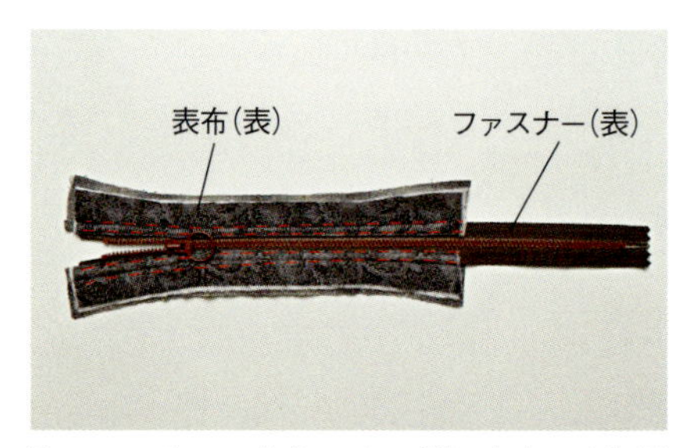

5 ファスナーのもう一方の側にも2〜4と同じ手順で表布、裏布を縫い合わせる。次に表布側からミシンステッチを2本ずつかける。

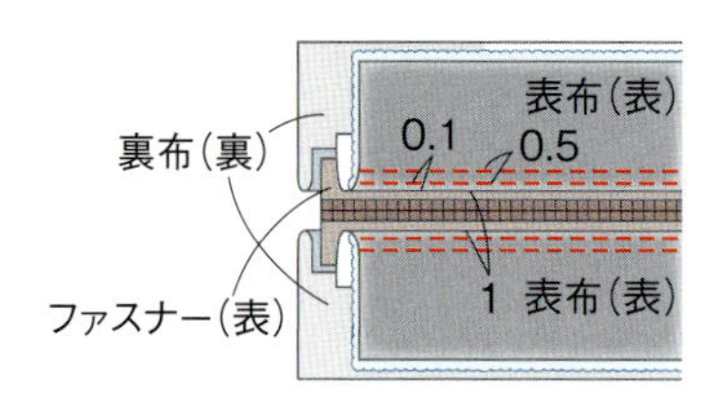

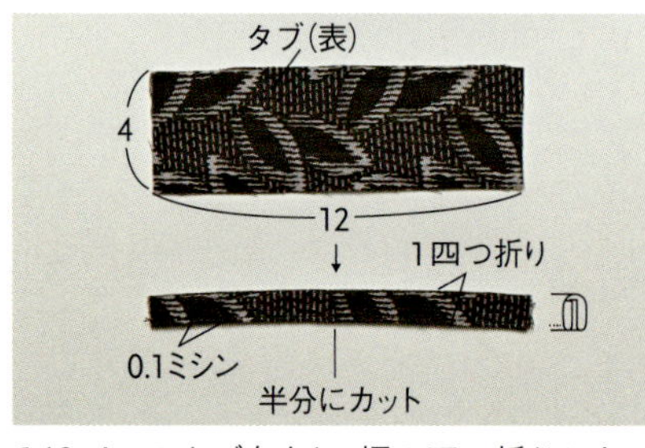

6 12×4cmのタブ布を1cm幅の四つ折りにしてミシンステッチをかける。次に半分にカットして2本に切り分ける。

7 6のタブを写真のような二つ折りにし、5の上側まちの両端にしつけで留める。

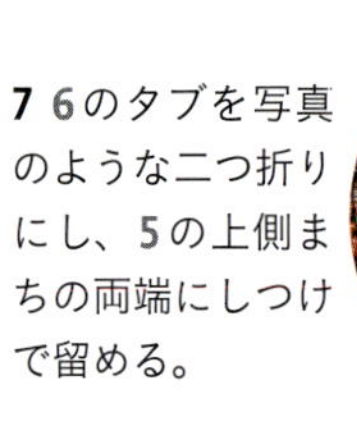
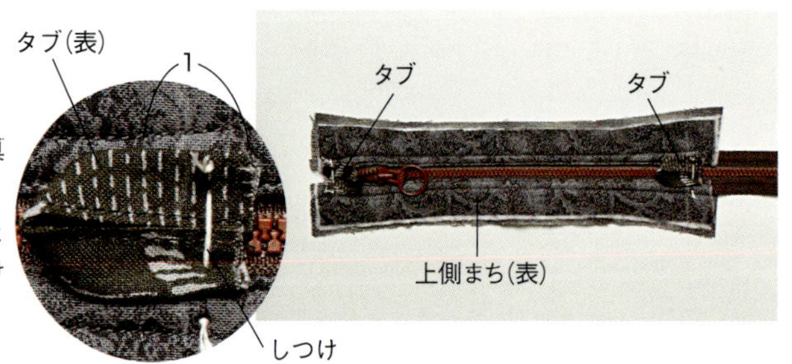

⑨ まちと本体を縫い合わせる

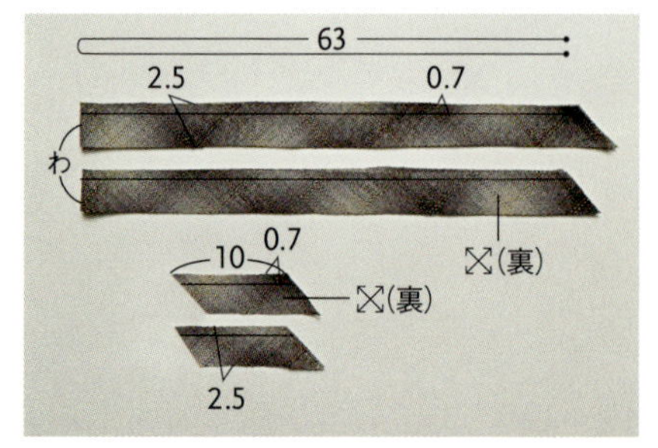

1 縫い代の始末用のバイアス布を裏布で裁つ。写真の寸法で各2枚ずつ裁ち、裏面の片側に0.7cm幅の線を引いておく。

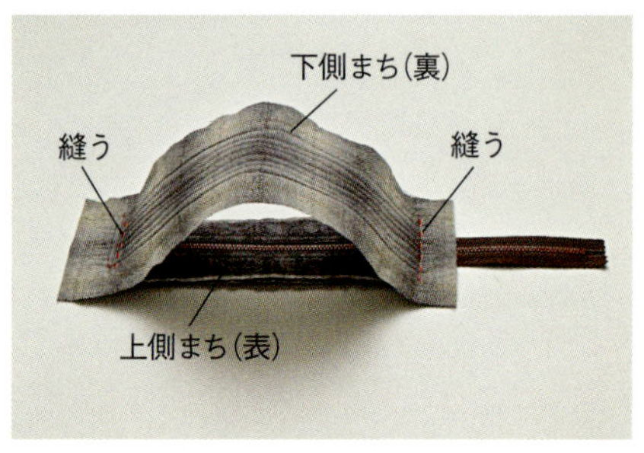

2 上側まちと下側まちを中表に合わせて両端を縫う。

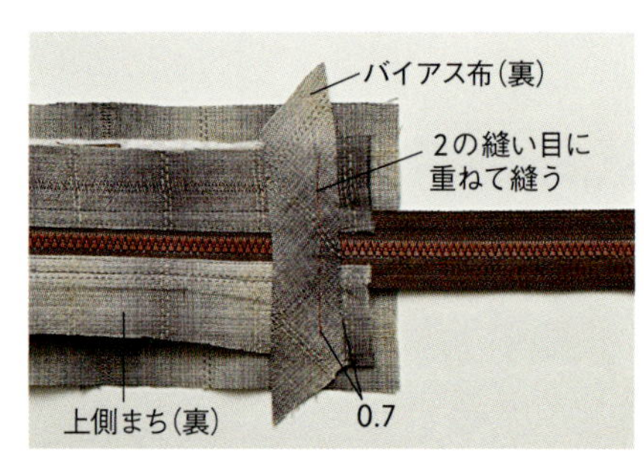

3 2の上側まちの裏面に、1の短いバイアス布を中表に重ね、バイアス布の線を2の縫い目に合わせて縫う。

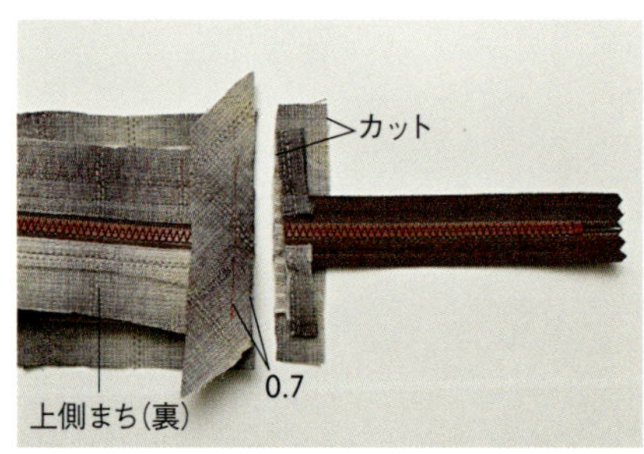

4 まちの縫い代を0.7cmにカットする。

5 まちの縫い代をバイアス布でくるむ。縫い代に厚みがあるので、目打ちを使って幅を整えながらくるむ。

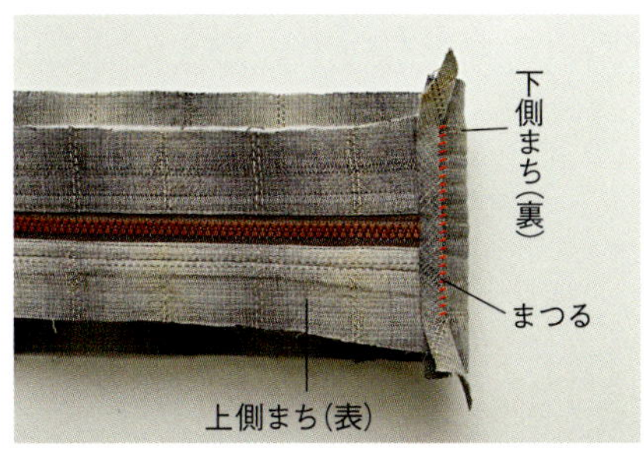

6 **5**の縫い代を下側まち側に倒してまつる。

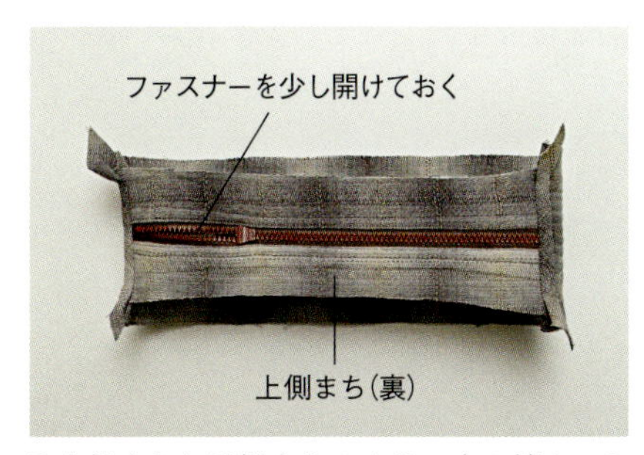

7 上側まちと下側まちのもう一方の端も、**3**〜**6**の要領で縫い合わせてまちを輪にする。このときファスナーは少し開けておく。

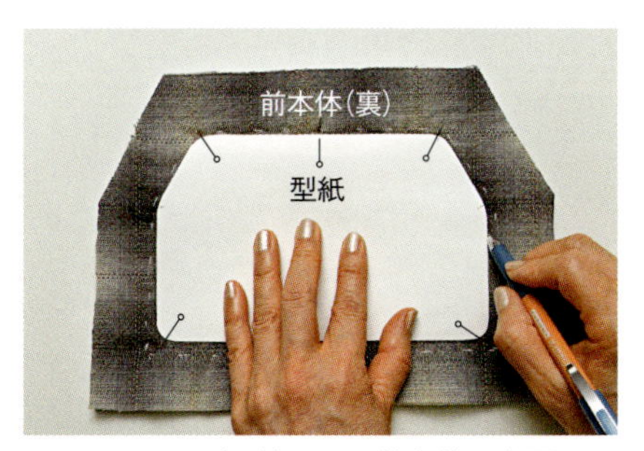

8 キルティングの終わった前本体の裏面に、外回りのしつけを目安に型紙を重ねて、周囲の出来上がり線と合い印を写す。後ろ本体も同様に印をつける。

9 **8**の前本体と**7**のまちを中表に合わせ、合い印を合わせてぐるりとしつけで縫う。

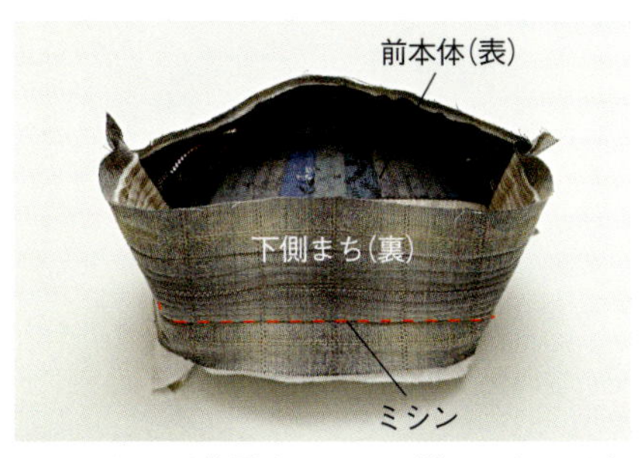

10 **9**のしつけ位置をミシンで縫い、しつけを抜く。

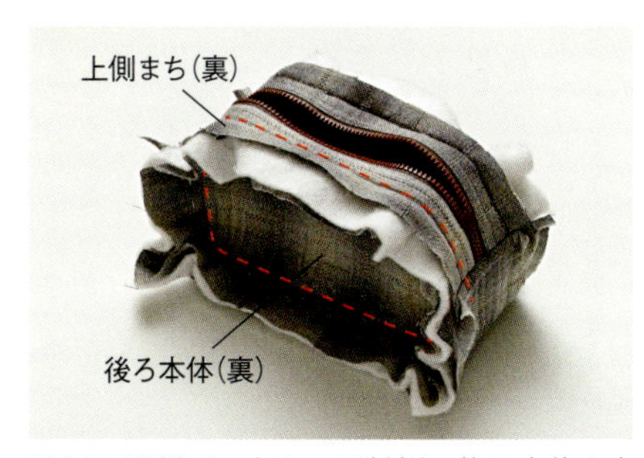

11 同じ要領で、まちの反対側に後ろ本体を中表に合わせてしつけをかけ、ミシンで縫う。

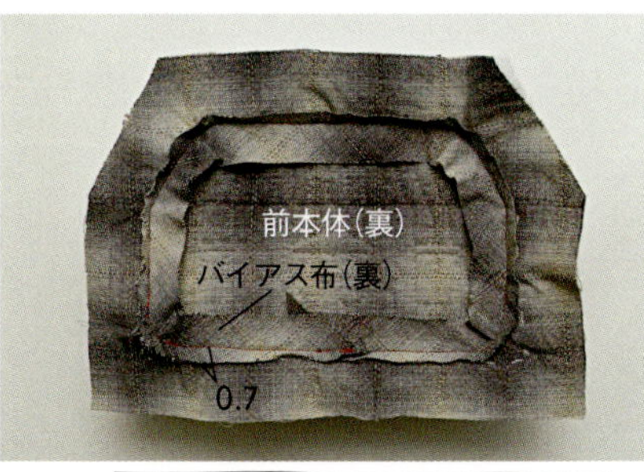

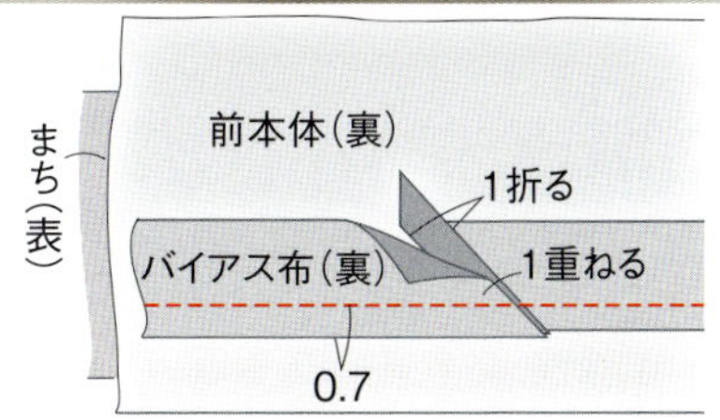

12 前本体裏面の**10**のミシン目に、バイアス布の0.7cmの線を中表に合わせ、縫い目に重ねてミシンをかける。バイアス布の始めは図のように1cm折り、終わりは1cm重ね、余分はカットする。

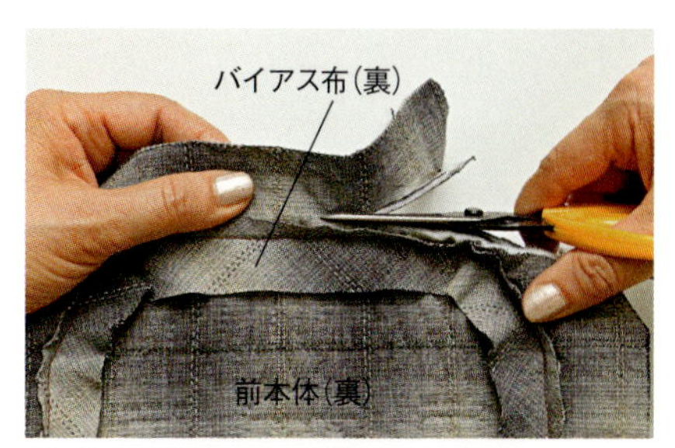

13 バイアス布の縫い代に合わせて前本体とまちの縫い代を裁ちそろえる。後ろ本体側も同様にバイアス布を合わせて縫い、縫い代をカットする。

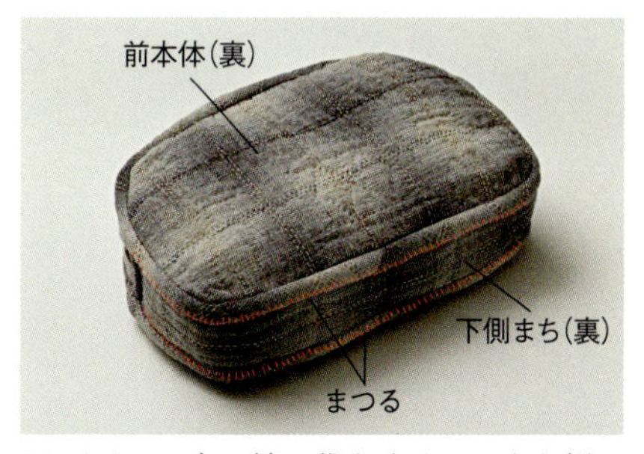

14 バイアス布で縫い代をくるみ、まち側に倒してまつる。

15 表に返して形を整える。出来上がり。

シルエット → page 6

A　　B　　C

★出来上がり寸法（3点共通）
丈25cm　幅23cm
★実物大型紙は、付録D面に掲載。

Aの材料

木綿地
　グレーストライプ…40×35cm（前土台、ピースⓔ・ⓕ、持ち手）
　黒織り柄…35×35cm（後ろ表布、持ち手）
　グレー柄…20×25cm（ピースⓐ・ⓑ・ⓒ）
　緑…5×7cm（ピースⓓ）
接着しん…15×20cm（ピースⓒ）
25番刺しゅう糸　黒・緑…各適宜

Bの材料

木綿地
　ベージュチェック…40×35cm（前土台、ピースⓑ・ⓒ、持ち手）
　ベージュ織り柄…35×35cm（後ろ表布、持ち手）
　茶色チェック…25×17cm（ピースⓐ）
接着しん…25×15cm（ピースⓐ）
25番刺しゅう糸　黒…適宜

Cの材料

木綿地
　グレー柄…40×35cm（前土台、ピースⓒ、持ち手）
　薄茶織り柄…35×35cm（後ろ表布、持ち手）
　紺チェック…18×23cm（ピースⓐ・ⓑ）
接着しん…13×21cm（ピースⓒ）
25番刺しゅう糸　黒・紺…各適宜

Aの作り方

1 前表布を作る。まずアップリケのピースⓒの表面にアップリケ図案を写し、裏面に出来上がりの寸法の接着しんをはる。ピースⓒにⓓ、ⓔ、ⓕを奥たてまつりでアップリケをし、刺しゅうをする。次に前土台布に図案を写し、ピースⓐ、ⓑ、ⓒの順にアップリケをする。→図1

2 持ち手を作る。持ち手布を中表に折って2cm幅に縫い、縫い目を中央にして縫い代を割り、ループ返しなどで表に返して両端にステッチをかける。2本作る。→図2

3 前後表布を中表に合わせ、両わきと底を縫う。縫い代は後ろ側の縫い代で前の縫い代をくるんでステッチをかける。→図3

4 本体上端の縫い代をアイロンで2.5cm幅の三つ折りにし、前後布それぞれに共布の持ち手をはさんで三つ折りの両端にステッチをかける。表に返して形を整える。→図4・出来上がり図

B・Cの作り方

アップリケのデザインが違いますが、B・CもAと同じ手順で作ります。

Aの寸法図

本体
前表布（アップリケ＋刺しゅう）
後ろ表布（黒織り柄）　各1枚

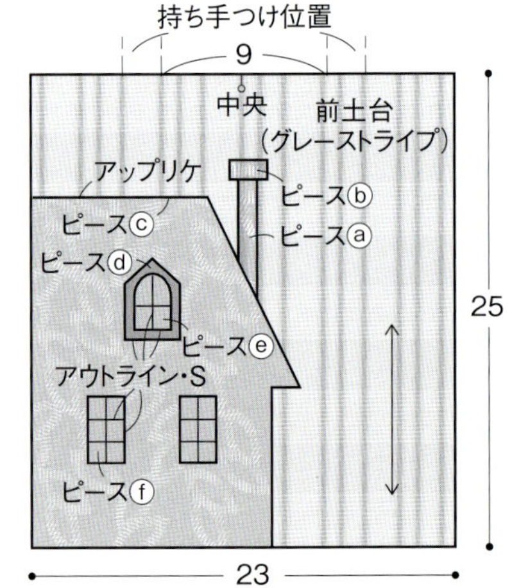

持ち手（グレーストライプ）（黒織り柄）各1枚

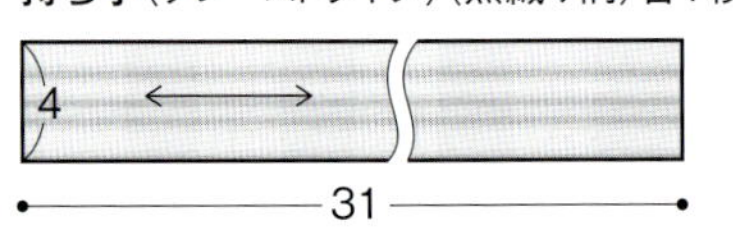

Bの寸法図

本体
前表布（アップリケ＋刺しゅう）
後ろ表布（ベージュ織り柄）　各1枚

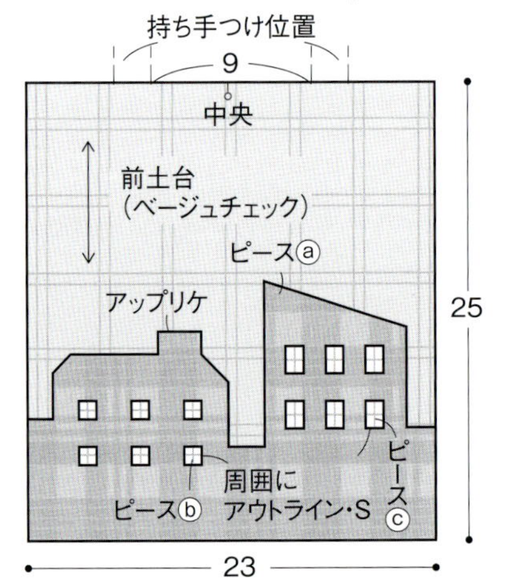

持ち手（ベージュチェック）
（ベージュ織り柄）　各1枚

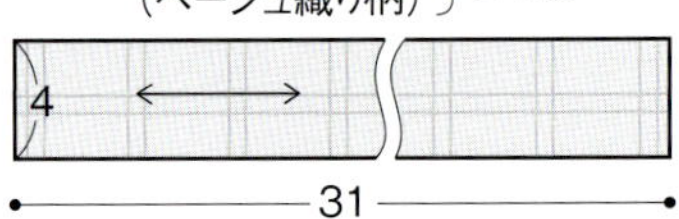

Cの寸法図

本体
前表布（アップリケ＋刺しゅう）
後ろ表布（薄茶織り柄）　各1枚

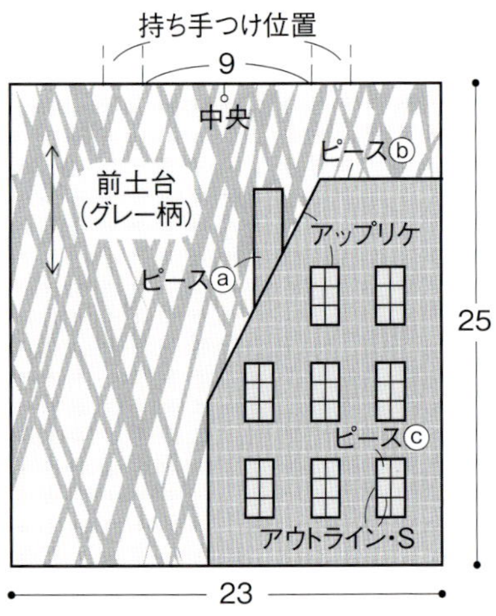

持ち手（グレー柄）
（薄茶織り柄）　各1枚

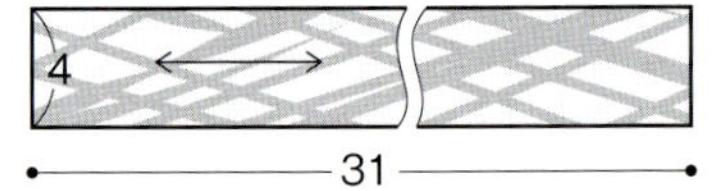

*前表布（土台）は上端3.5cm、そのほかは0.7cm、
後ろ表布は上端3.5cm、そのほかは2cmの縫い代をつけて裁つ
*アップリケ布は0.3〜0.4cm、持ち手は1cmの縫い代をつけて裁つ

図1　アップリケの仕方

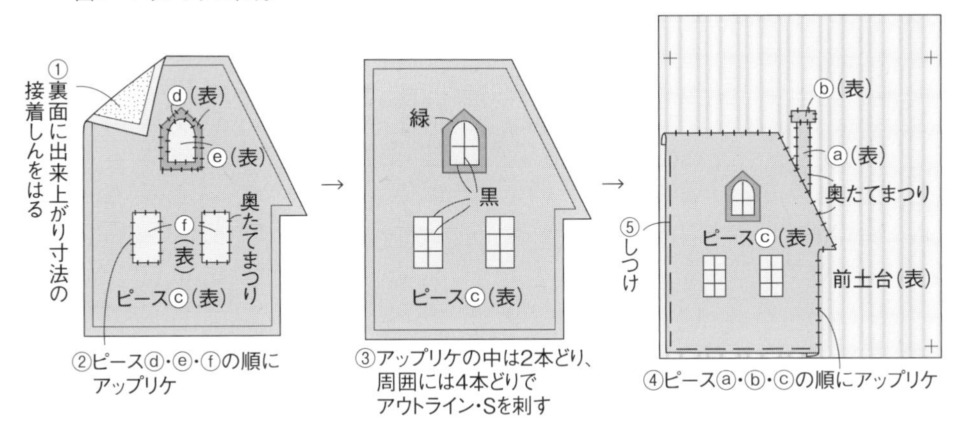

図2　持ち手の作り方

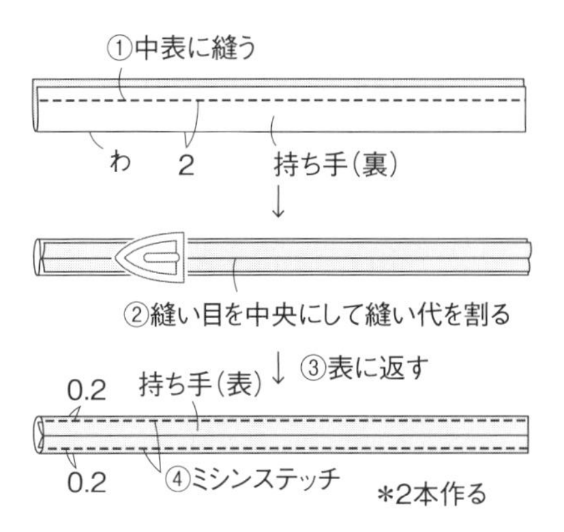

図3　前後の縫い合わせ方

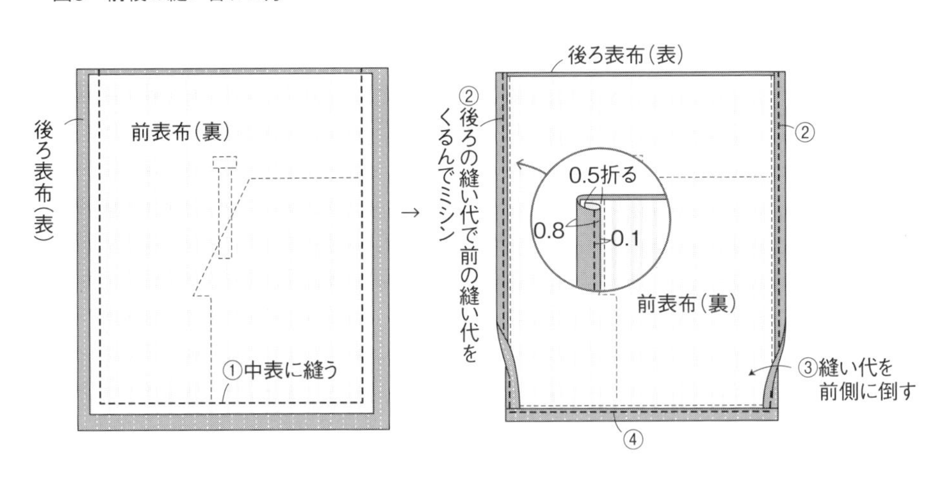

図4　上端の始末と持ち手のつけ方

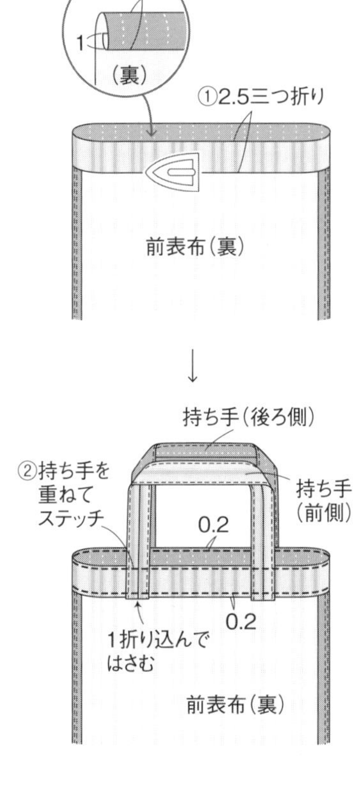

出来上がり図

A

B

C

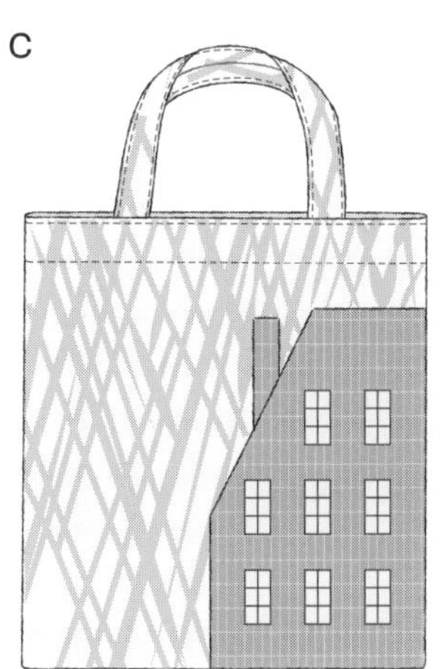

ハウス・ポートレート

→ page 8

★出来上がり寸法
　丈31cm　幅28cm　まち幅9cm
★前本体の実物大型紙は、付録A面に掲載。

材料
木綿地
　はぎれ約45種…各適宜（ピース）
　チェックⓐ…45×95cm（前本体口布・後ろ本体・まち・持ち手飾り布・本体の口の始末用バイアス布）
　チェックⓑ…55×100cm（裏布）
キルト綿…55×100cm
厚手接着しん…10×90cm（まち）
薄手接着しん…5×30cm（持ち手飾り布）
綿テープ…3cm幅　60cm（持ち手）

作り方
1 前本体のハウスのパターンを12枚作ってはぎ合わせる。縫い代は前後左右を交互に倒す。上端に口布を縫い合わせる。→図1
2 前本体、後ろ本体ともそれぞれ裏布、キルト綿、表布の3層に重ねてしつけをかけ、キルティングをする。次に裏布側に出来上がり線をしるす。
3 持ち手用のテープに持ち手飾り布をミシンステッチで縫い留めて持ち手を作る。持ち手は2本作る。→図2
4 前本体、後ろ本体ともそれぞれの口を、持ち手をはさんで口の始末用バイアス布で始末する。→図3
5 まちを作る。表布と厚手接着しんを裏面にはった裏布を中表に合わせ、さらに表布の裏面にキルト綿を重ねて口側を縫う。縫い代を整えて表に返し、ミシンでキルティングをする。次に裏布側に出来上がり線と合い印を入れる。→図4
6 本体とまちを中表に合わせて縫う。縫い代はまちの裏布でくるんで始末をする。表に返して形を整える。→図5

寸法図

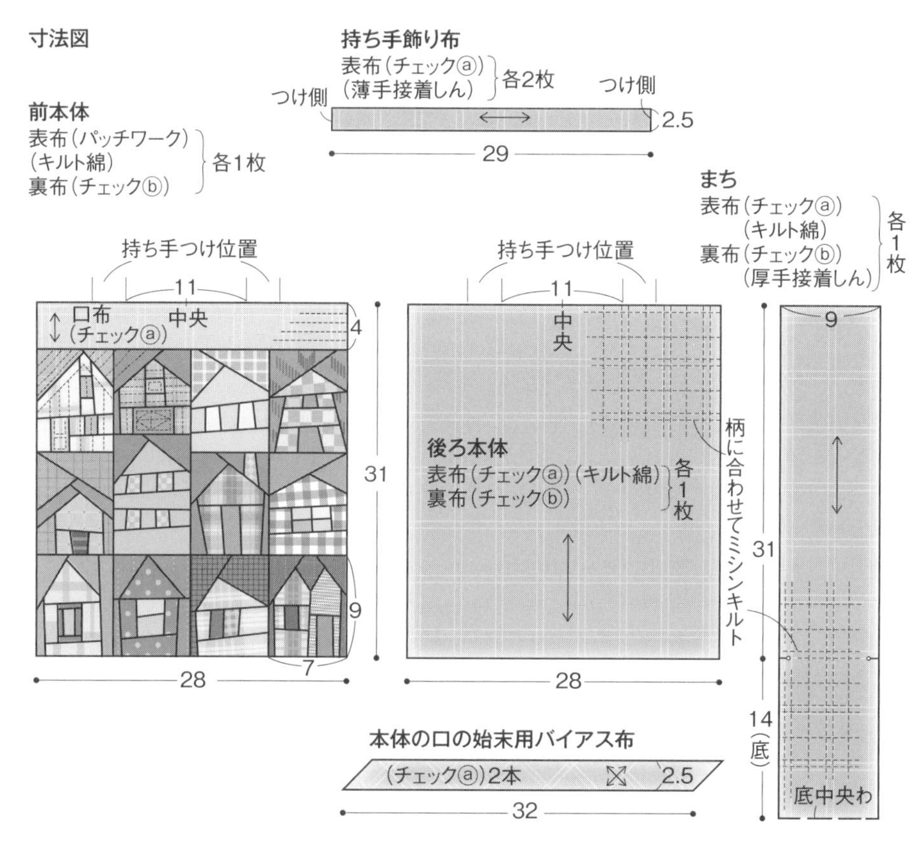

＊持ち手飾り布のつけ側と薄手接着しん、まちの厚手接着しん、本体の口の始末用バイアス布は裁ち切り。裏布、キルト綿は3cm、そのほかは0.7cmの縫い代をつけて裁つ

図1　前本体トップの縫い合わせ方

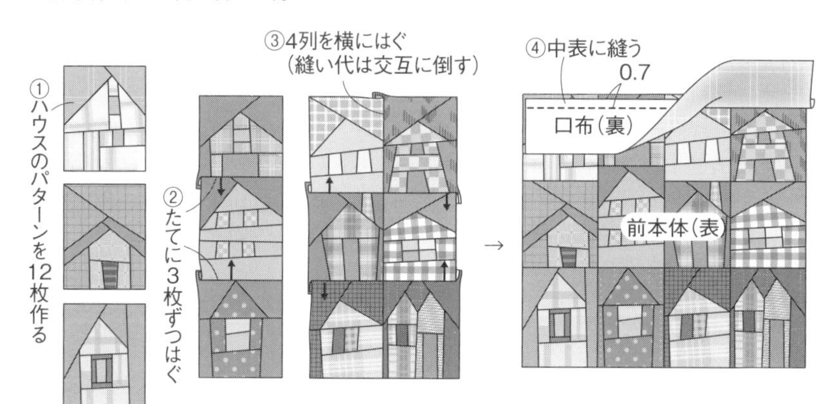

図2　持ち手の作り方

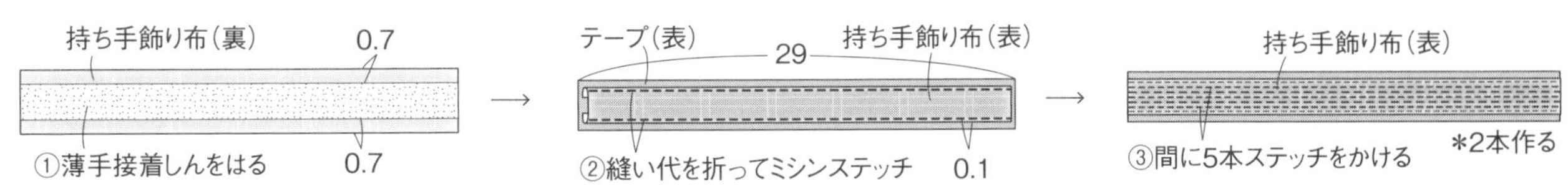

図3　口の始末、持ち手の作り方

図4　まちの作り方

図5　本体とまちの縫い合わせ方

出来上がり図

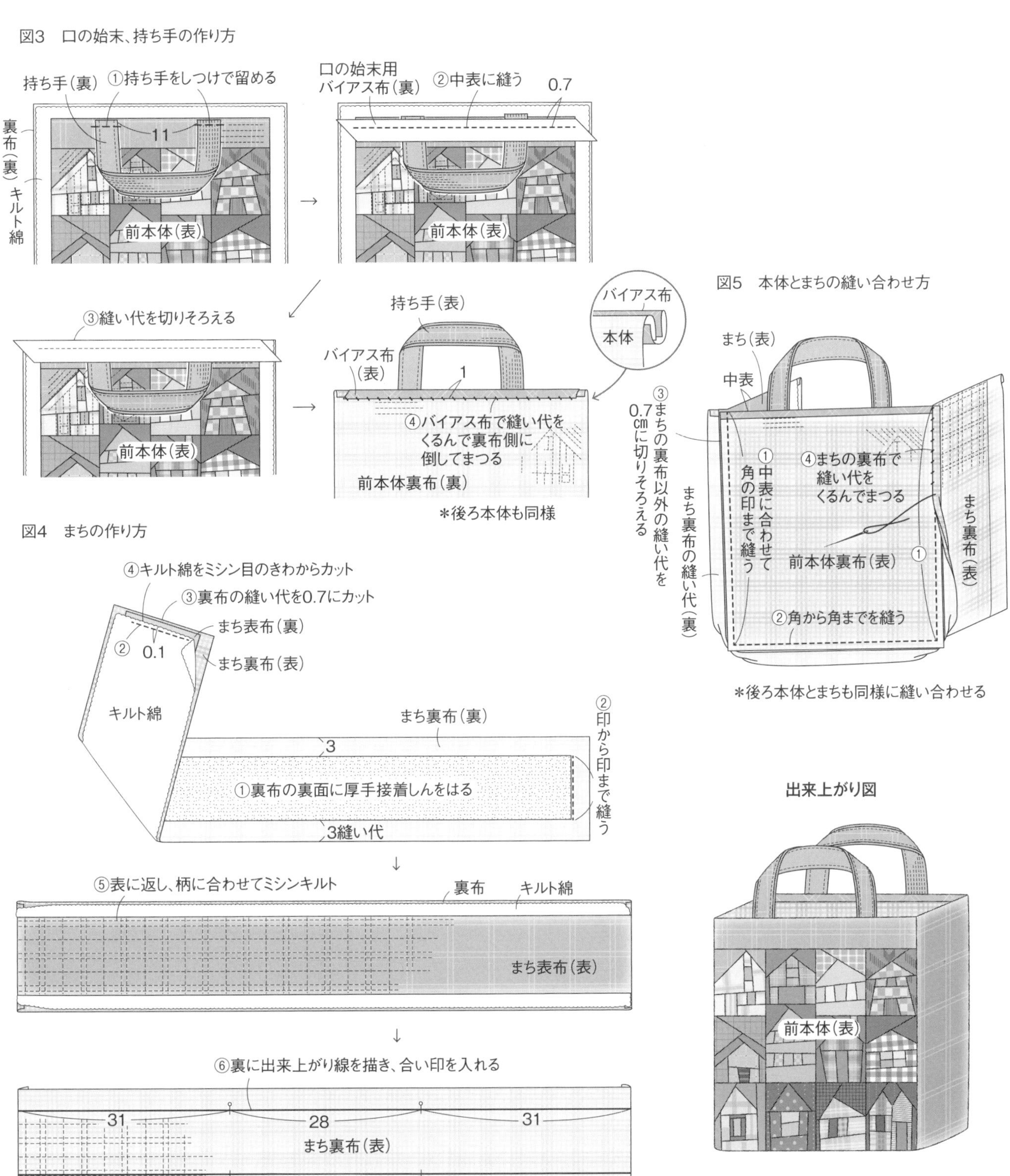

にぎやかな街並み → page 10

★出来上がり寸法
縦33cm　横108cm
★実物大型紙は、付録A面に掲載。

材料

木綿地
　はぎれ約95種…各適宜（アップリケ）
　プリント…105×30cm（土台布）
　縦縞織り柄…40×110cm（ボーダーA・B）
　チェック織り柄…155×45cm（裏布・縫い代をくるむバイアス布）
　キルト綿…120×40cm
25番刺しゅう糸　茶色・こげ茶色・シルバーグレー・濃いグレー・グレー・薄いグレー・生成り・くすんだピンク・サーモンピンク・薄い緑・からし色・薄いブルー・黒…各適宜

作り方

1 土台布に図案を写し、奥たてまつりでアップリケと刺しゅうをする。→図1、寸法図と型紙（刺しゅう）
2 1の左右にボーダーAを端から端まで縫い合わせて縫い代を0.7cmに切りそろえ、縫い代はボーダーA側に倒す。
3 2の上下にボーダーBを端から端まで縫い合わせ、縫い代はボーダーB側に倒す。表布ができた。
4 裏布、キルト綿、表布の3層に重ねてしつけをかけ、キルティングをする。→寸法図
5 周りの縫い代を2.5cm幅バイアス布でくるんで始末する。→図2

寸法図　表布（パッチワーク・アップリケ＋刺しゅう）（キルト綿）裏布（チェック織り柄）各1枚

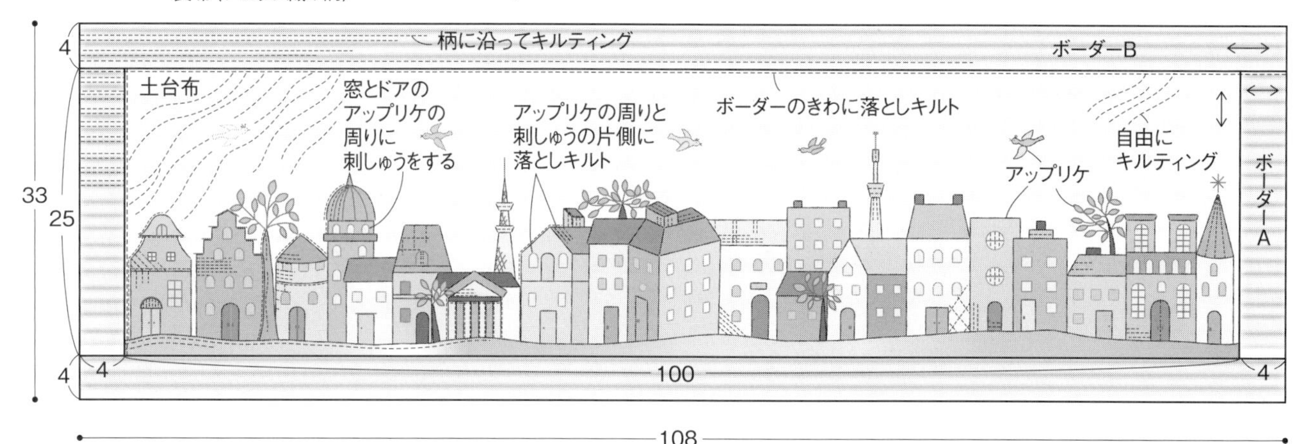

＊アップリケ布は0.3～0.4cm、土台布・ボーダーA・Bは1cm、キルト綿・裏布は3cmの縫い代をつけて裁つ
＊縫い代をくるむバイアス布（チェック織り柄）は2.5×35cm、2.5×110cmを各2本裁つ

図1　アップリケのまとめ方　　図2　縫い代の始末

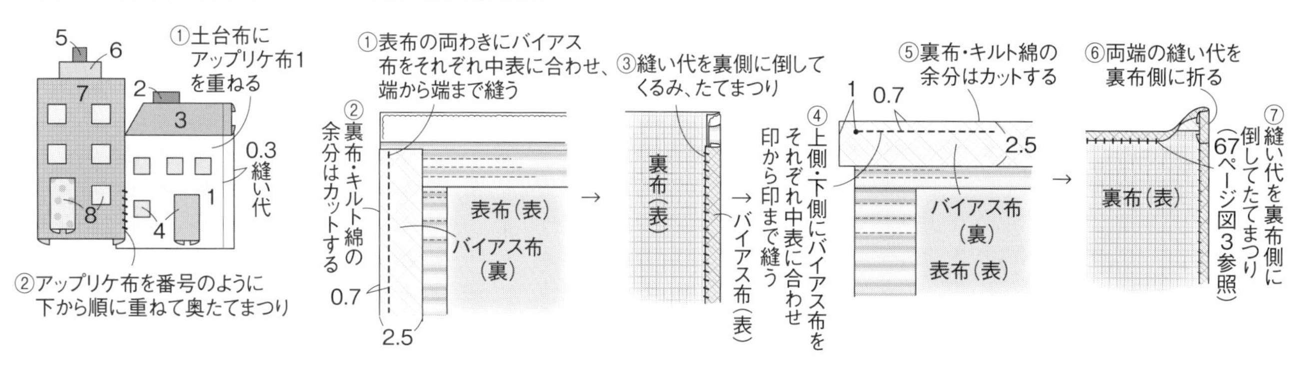

バイアス布の裁ち方&はぎ合わせ方

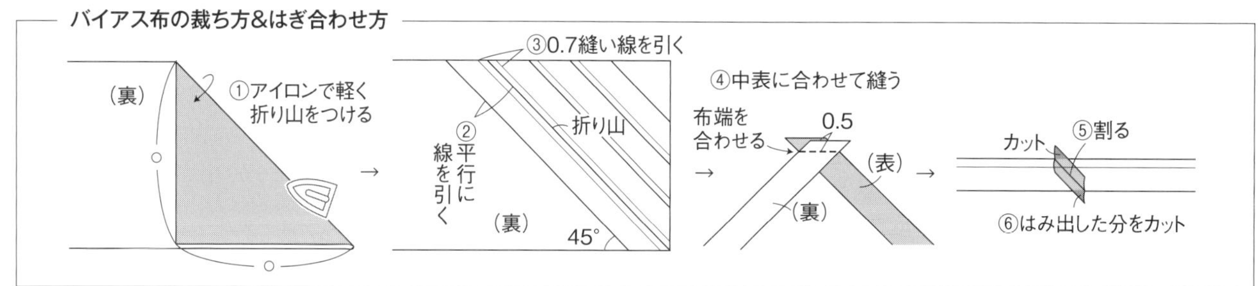

ペンケース → page 12

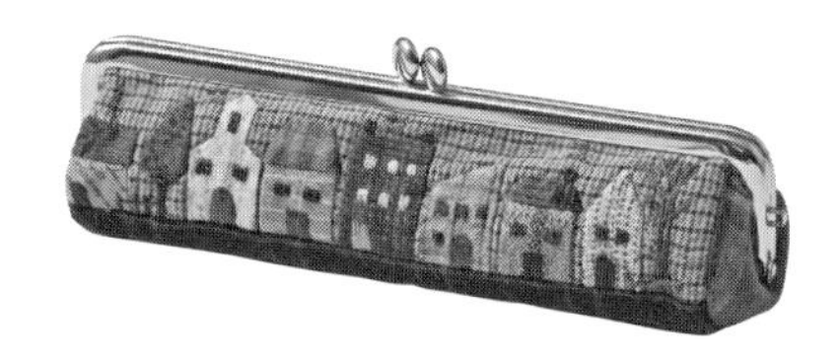

★出来上がり寸法
　丈約5cm　口幅16.5cm
★実物大型紙は、付録C面に掲載。

材料

木綿地
　ブルー×茶色のチェック…20×13cm
　(前面・後ろ面)
　モスグリーンチェック…20×8cm(底)
　茶色チェック…16×6cm(まち)
　はぎれ11種…各適宜(アップリケ)
　グレープリント…27×16cm(裏布)
両面接着キルト綿…20×16cm
口金…16.5×3.5cm　1個
紙ひも…50cm
25番刺しゅう糸　赤・茶色・こげ茶色・青・
　濃いグレー・シルバーグレー・黄緑・緑・
　黒…各適宜
手芸用接着剤

作り方

1 前面の土台布に、ピース①〜⑪の順に奥たてまつりでアップリケをし、刺しゅうをする。後ろ面の土台布にもアップリケと刺しゅうをする。

2 底布の上下に前面、後ろ面を縫い合わせる。縫い代はそれぞれ底側に倒す。

3 2の表布と裏布を中表に合わせ、さらに裏布の裏面に接着キルト綿を重ね、返し口を残して周囲を縫う。余分な綿をカットし、表に返して返し口をまつり、アイロンをかけてキルト綿を接着させる。→図1

4 まちの表布と裏布、接着キルト綿を3と同じ要領で縫い、表に返して整える。

5 本体とまちを中表に合わせてまず表布どうしを巻きかがりで縫い合わせ、次に裏布どうしをすくいとじでとじる(76ページ図2①②参照)。

6 表に返して口金をつける。→図2

寸法図

本体 表布(アップリケ・パッチワーク+刺しゅう)、(接着キルト綿)、裏布(グレープリント) 各1枚

まち 表布(茶色チェック)、(接着キルト綿)、裏布(グレープリント) 各2枚

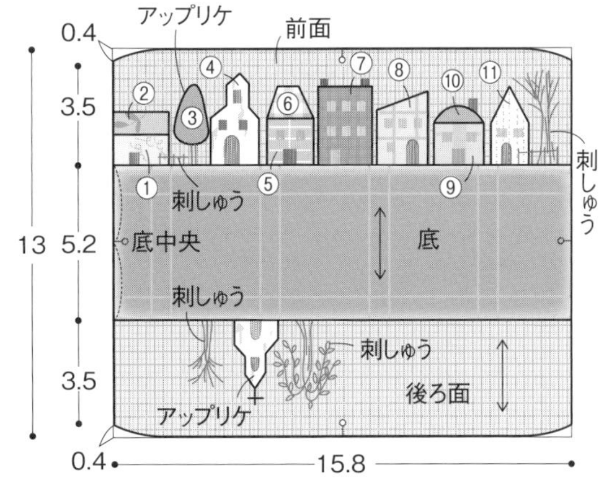

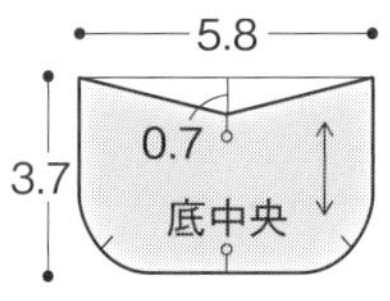

*アップリケ布は0.3〜0.4cm、そのほかは1cmの縫い代をつけて裁つ

図1　本体の縫い方

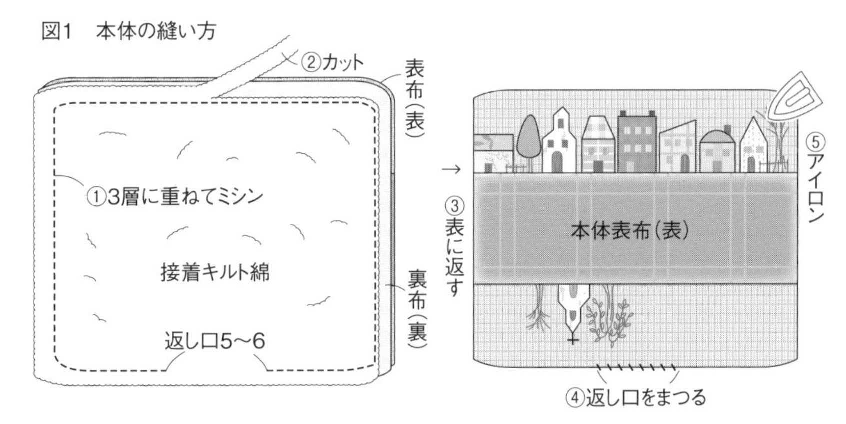

図2　口金のつけ方

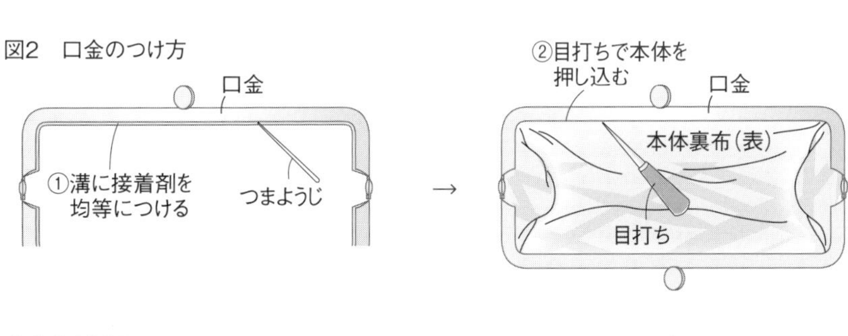

出来上がり図

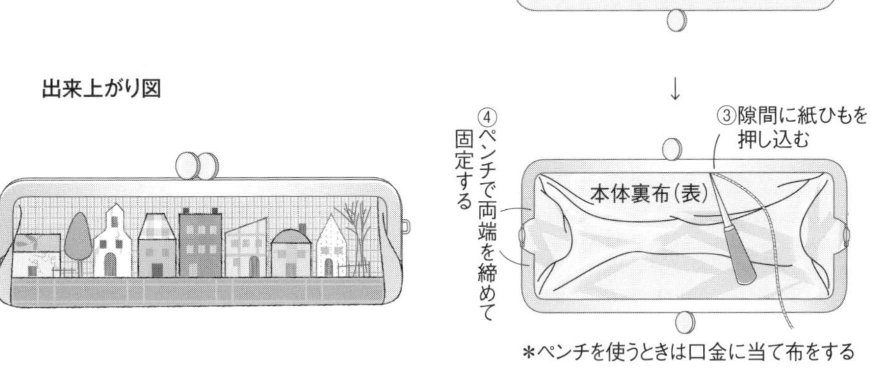

*ペンチを使うときは口金に当て布をする

春夏秋冬 → page 14

春

夏

秋

冬

★出来上がり寸法（額の寸法、4点共通）
額の内側9×9cm　外側14.8×14.8cm
★実物大型紙は、付録A面に掲載。寸法図も型紙を参照。

春の材料
木綿地
ベージュ葉柄…15×12cm（土台布）
青緑の縞（しま）…6×6cm（ピース①）
濃いグレー柄…2×4cm（ピース②）
茶色柄…8×8cm（ピース③⑥）
グレー格子…6×4cm（ピース④）
グレー縞…4×4cm（ピース⑤）
ベージュと青の格子…10×10cm（ピース⑦）
グレー柄…15×6cm（ピース⑧）
淡いグレー×水色の格子
…5×5cm（ピース⑨）
キルト綿…15×15cm
25番刺しゅう糸　青・黄緑・オレンジ色
…各適宜
マスキングテープ…適宜
額　こげ茶色…1つ

夏の材料
木綿地
黒柄…15×15cm(土台布)
こげ茶柄…10×10cm（ピース①）
オレンジ色柄…2×2cm（ピース②）
赤茶色柄…7×7cm（ピース③）
緑柄…7×7cm（ピース④）
黄土色柄…3×3cm（ピース⑤）
キルト綿…15×15cm
25番刺しゅう糸　シルバーグレー・こげ茶色・
黄色…各適宜
マスキングテープ…適宜
額　こげ茶色…1つ

秋の材料
木綿地
淡いモスグリーンの柄…15×15cm（土台布）
濃いグレー柄…4×7cm（ピース①）
茶色柄…2.5×7cm（ピース②）
薄茶格子…7×7cm（ピース③）
濃い緑柄…4×4cm（ピース④）
グレー柄…4×5cm（ピース⑤）
茶色格子…4×5cm（ピース⑥）
赤茶プリント…1.5×3cm（ピース⑦）
キルト綿…15×15cm
25番刺しゅう糸　茶色・生成りグレー・黒
…各適宜
マスキングテープ…適宜
額　こげ茶色…1つ

冬の材料
木綿地
淡いグレー柄…15×15cm（土台布）
赤格子…9×6cm（ピース①）
濃いグレー柄…3×3cm（ピース②）
こげ茶柄…9×9cm（ピース③）
白柄…9×9cm（ピース④）
青柄ⓐ…5×3cm（ピース⑤）
赤縞…5×9cm（ピース⑥）
青柄ⓑ…5×4cm（ピース⑦）
キルト綿…15×15cm
25番刺しゅう糸　白・クリーム色・黒…各適宜
マスキングテープ…適宜
額　こげ茶色…1つ

作り方（4点共通）
1 土台布に付録から型紙と図案を写す。
2 ピースワークが必要な箇所を先に縫いつないでから、土台布に奥たてまつりでアップリケをし、刺しゅうをする（型紙を参照）。
3 裏面にキルト綿を重ね、額の台紙をくるみ、裏側をマスキングテープで留める。額に入れる。

作り方ポイント
＊寸法図は型紙を参照してください。
＊アップリケ布は0.3〜0.4cm（ただし外回りになる部分は1.5〜2cm）の縫い代をつけて裁ち、土台布は3cmの縫い代をつけて裁ちます。

フラットポーチ → page 44

★出来上がり寸法
丈16.2cm　口幅11.4cm
★実物大型紙は、付録C面に掲載。

材料
木綿地
はぎれ7種…各適宜（ピース）
織り柄ⓐ…5×6cm（ループ）
チェック…3.5cm幅バイアス　20cm　1本（底のパイピング布）
織り柄ⓑ…30×20cm（裏布、ファスナー端をくるむ当て布）
キルト綿…30×20cm
ファスナー…長さ20cm　1本
リング…外径3.2cm　1個

作り方
1 ループを作る。→図1
2 ピースワークをして前本体、後ろ本体の表布を作る。→寸法図
3 前本体・後ろ本体の表布をそれぞれ裏布と中表に合わせ、さらに裏布の裏面にキルト綿を重ねて返し口を残して縫う。余分なキルト綿をカットする。表に返し、しつけをかけてキルティングと落としキルトをする。→図2（①②）
4 前本体と後ろ本体を中表に合わせ、ファスナーつけ位置を残して表布どうしを巻きかがりで縫い合わせ、裏布どうしをすくいとじでとじる（76ページ図2①②参照）。次にファスナーをつける。ファスナー上側は端を折って表に目が出ないように返し縫いで縫う。→図2（③〜⑤）
5 底の縫い代を3.5cm幅のパイピング布でくるんで仕上げる。→図3

寸法図

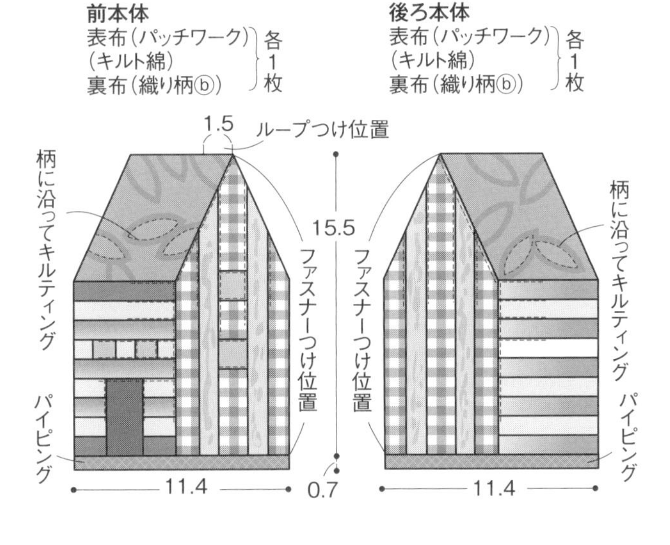

ループ
（織り柄ⓐ）
1枚

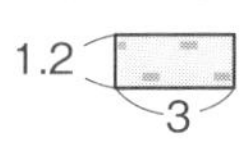

ファスナー端をくるむ当て布
（織り柄ⓑ）1枚

1.2
3

＊底のパイピング布は裁ち切り、そのほかは0.7cmの縫い代をつけて裁つ

図1　ループを作る

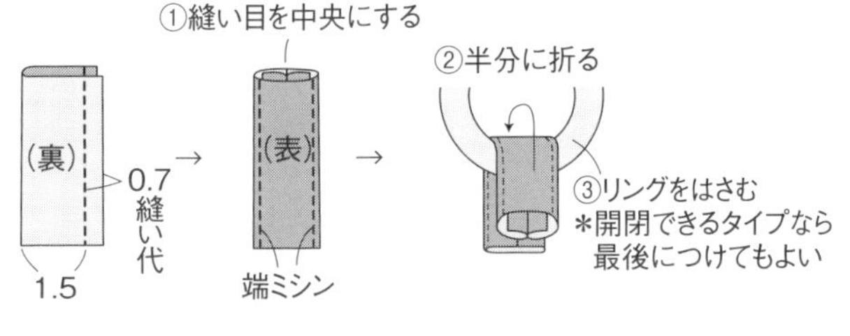

底のパイピング布
（チェック）1枚

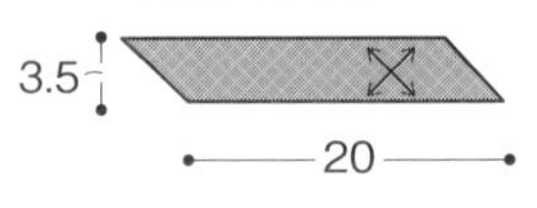

図2　前・後ろ本体の作り方とファスナーのつけ方

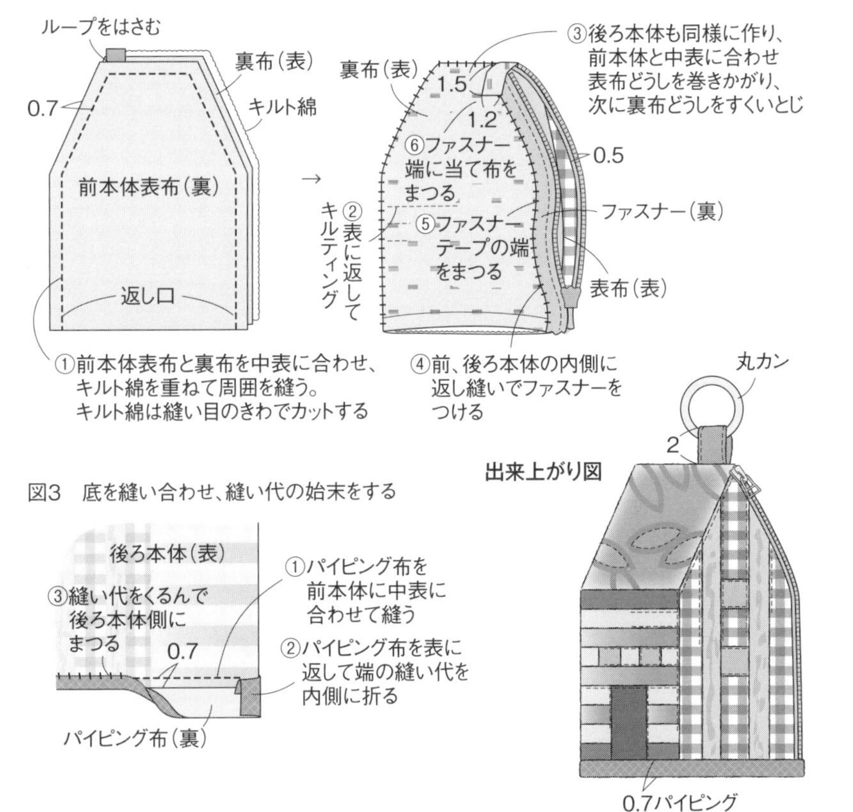

ボストンバッグ →page18

★出来上がり寸法
丈22.2cm　幅32.5cm　まち幅6cm
★前本体の実物大型紙は、付録C面に掲載。

材料

木綿地
はぎれ約30種…各適宜（ピース）
チェックⓐ…110×25cm（後ろ本体・まちA・B）
チェックⓑ…40×35cm（外ポケット）
織り柄ⓒ…10×90cm（持ち手飾り布）
織り柄ⓓ…20×10cm（タブ）
織り柄ⓔ…65×90cm（裏布・内ポケット・縫い代始末用バイアス布）
キルト綿…80×60cm
厚手接着しん…60×6cm（まちB）
薄手接着しん…90×10cm（まちA・持ち手飾り布）
両面接着シート…35×35cm（外・内ポケット）
ファスナー　長さ44cm…1本
リネン混テープ　2.5cm幅…180cm（持ち手）
ビーズ　直径0.7cm　長さ2cm…2個（ワックスコードが通るもの・ファスナー飾り用）
ワックスコード　太さ0.3cm…適宜（ファスナー飾り用）
25番刺しゅう糸　茶色、グレー、濃いグレー…各適宜

作り方

1 持ち手用テープに持ち手飾り布をミシンステッチで縫い留めて持ち手を2本作る。→図1
2 ピースワークをして前本体の表布を作り、刺しゅうする。→図2　裏布、キルト綿、表布の3層に重ねてしつけをかけ、キルティングをする。余分をカットする。→寸法図
3 後ろ本体は裏布、キルト綿、表布の3層に重ねてミシンキルトをする。→寸法図
4 外ポケットと内ポケットを作る。→図3
5 外ポケット・内ポケットを後ろ本体の表裏にそれぞれ合わせ、内ポケットをよけて持ち手だけをつける。→図4　前本体には同じ要領で同様に持ち手を縫いつける。
6 まちAを作る（62ページ参照）。タブを作り、まちAの両わきに仮留めする。→図5
7 まちB裏布の裏面に厚手接着しんをはり、3層に重ねてミシンキルトする。→寸法図
8 まちA・Bを中表に縫って輪にする。縫い代は2.5cm幅バイアス布でくるんでまちB側に倒してまつる。→図6
9 前本体・後ろ本体と8を中表に合わせて縫う。縫い代は2.5cm幅バイアスでくるんで本体側に倒してまつる。ファスナー飾りをつける。→図7

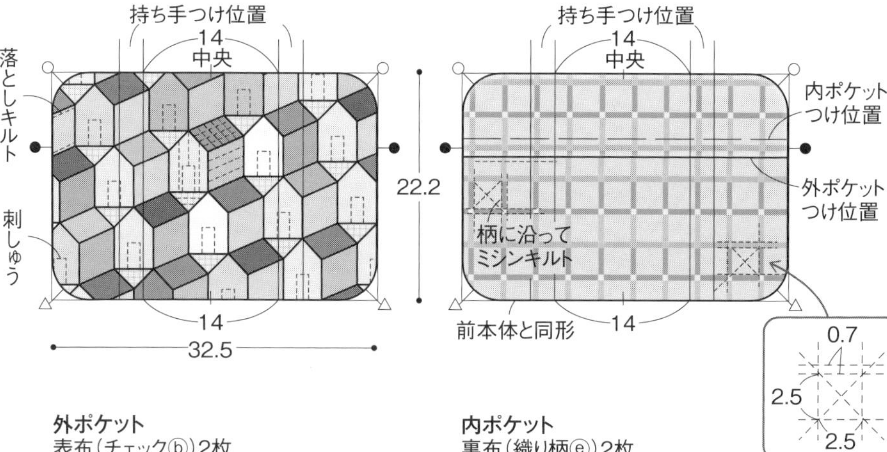

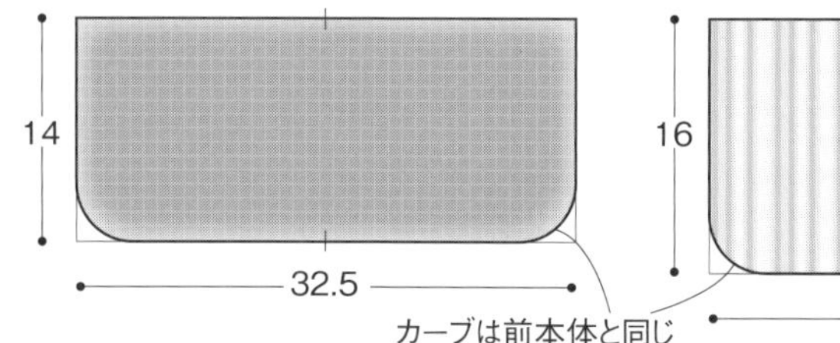

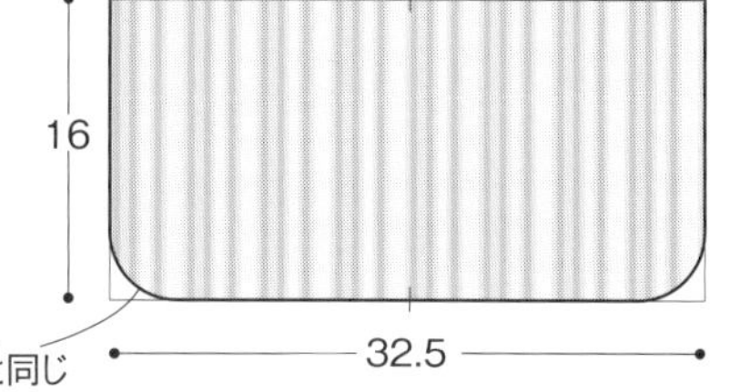

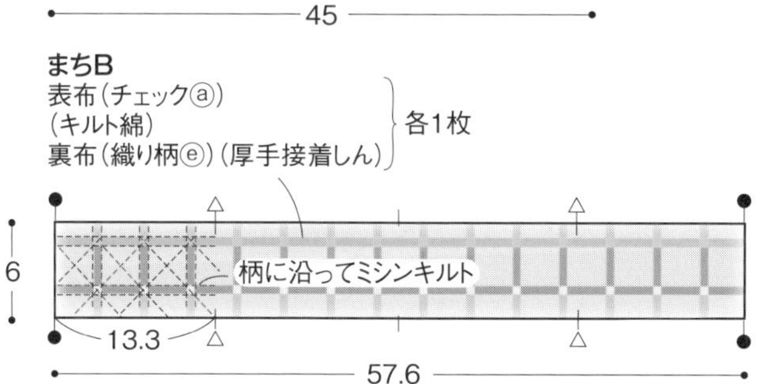

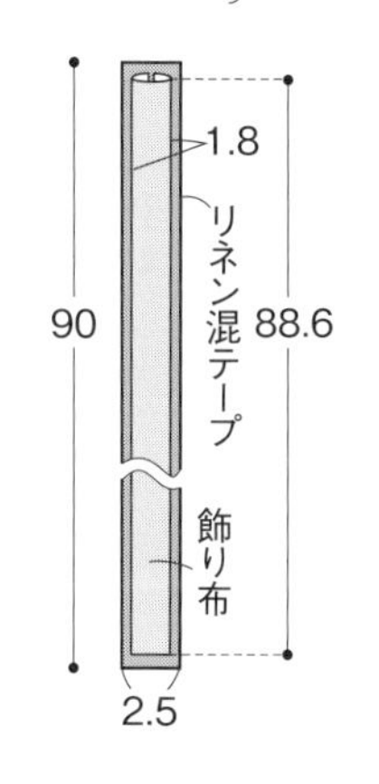

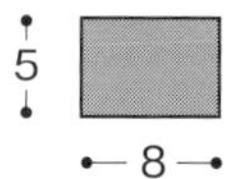

＊パッチワーク用各ピース・持ち手の飾り布は0.7cm、後ろ本体・まち・ポケットは1cm、裏布とキルト綿は3cmの縫い代をつけて裁つ
各接着しん、両面接着シートは裁ち切り、タブの縫い代は図5を参照する
＊縫い代の始末用バイアス布（織り柄ⓔ）は2.5×107cm（はいで1枚にする）、2.5×8cmを各2本ずつ裁つ

図1　持ち手の作り方

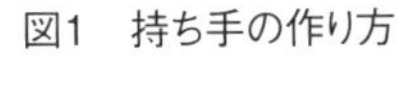

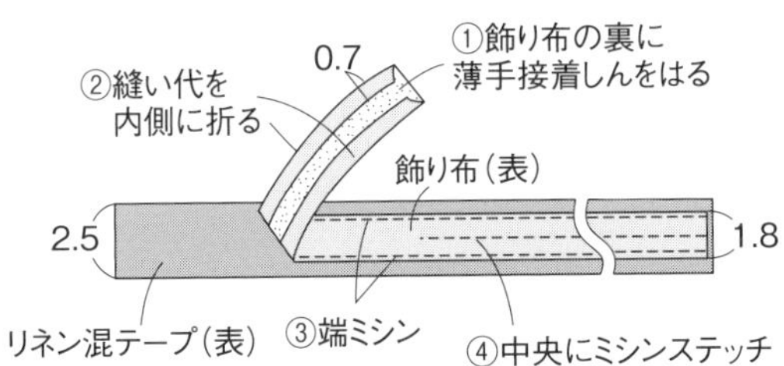

図2　ピースのつなぎ方

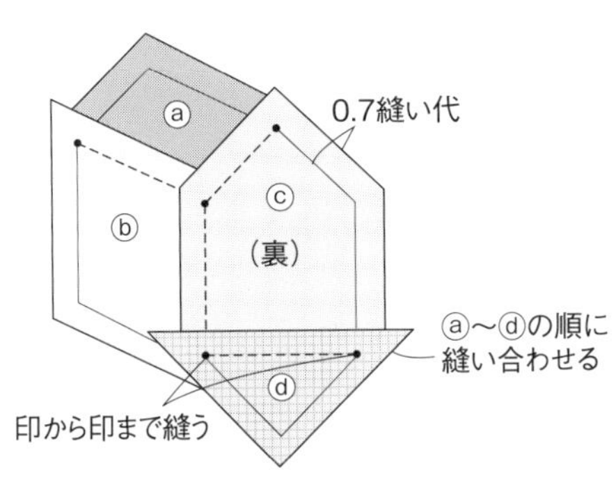

図3　外ポケット、内ポケットの作り方

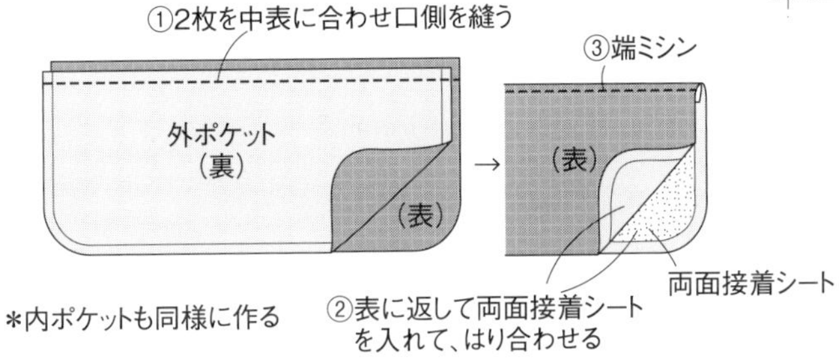

図4　内ポケットと外ポケット、持ち手のつけ方

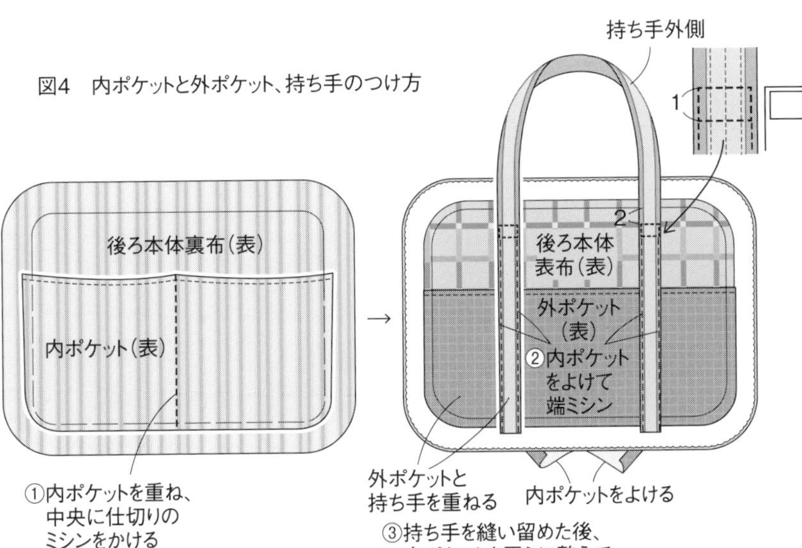

図5　タブの作り方とつけ方

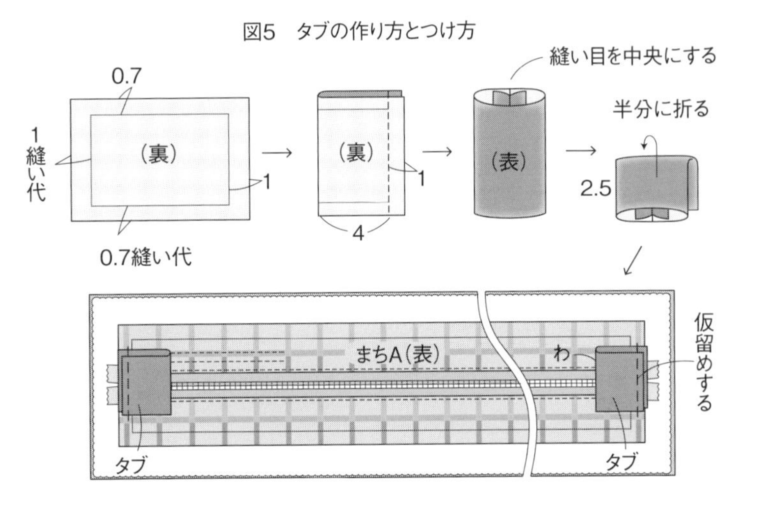

図6　まちAとBのまとめ方

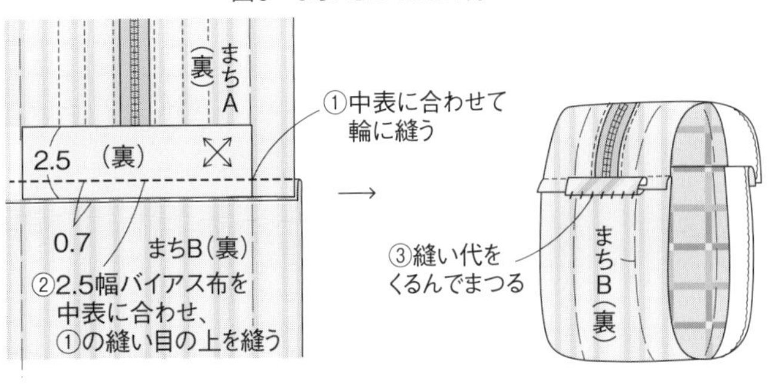

図7　本体とまちの仕立て方

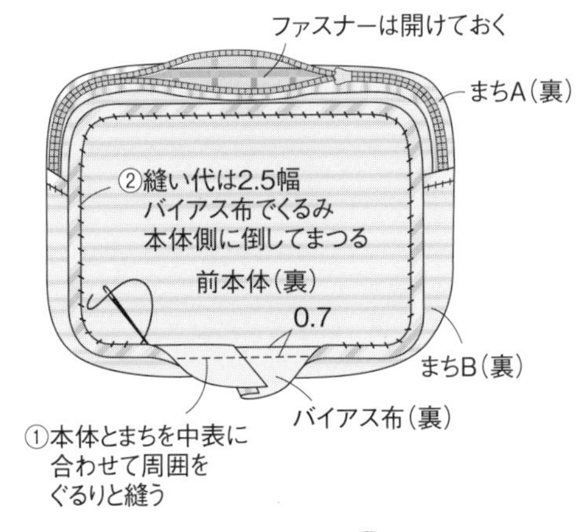

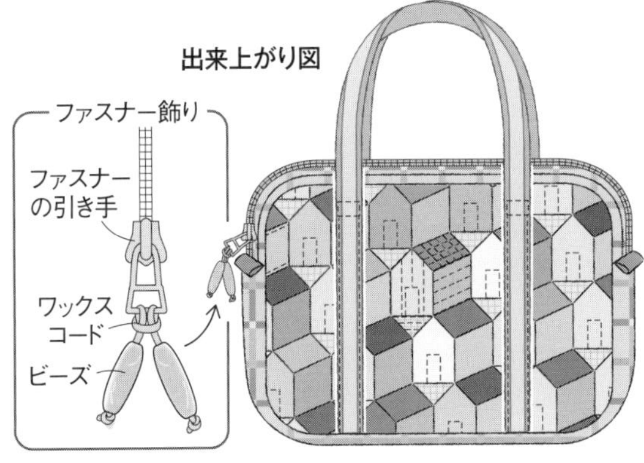

煙突のある家 → page 22

★出来上がり寸法
正面の丈12cm わきの丈6.5cm 底14×10cm
★実物大型紙は、付録C面に掲載。

材料

木綿地
- 緑チェック…40×20cm(ピースⓐ・ⓒ・ⓓ・ⓕ)
- ブルーグレーストライプ…20×15cm(ピースⓑ)
- こげ茶色チェック…18×25cm(ピースⓔ・ⓖ、底)
- 黄色チェック…10×7cm(窓のアップリケ)
- 濃い緑チェック…10×4cm(ドアのアップリケ)
- 黄色プリント…50×25cm(裏布)

片面接着キルト綿…50×25cm
接着しん…50×25cm
プラスチックボード…50×25cm
25番刺しゅう糸　緑…適宜

作り方

1 正面のピースⓐ、ⓑ、ⓒ、ⓓを縫い合わせる。印から下端まで縫う。→図1
2 1の表面に奥たてまつりでアップリケをし、窓に刺しゅうする。→図2
3 2とピースⓔを中表に縫い合わせ、裏面に片面接着キルト綿をはる。→図3
4 正面の裏布の裏面に接着しんをはり、3の正面表布と中表に縫い合わせて表に返し、中にプラスチックボードを入れて下端にしつけをかける。2枚作る。→図4
5 1〜4と同じ要領で側面を2枚作る。→図5
6 底表布の裏面に片面接着キルト綿をはり、正面、側面と縫い合わせる。縫い代は底布側に倒し、縫い代の下に底のプラスチックボードを差し入れる。→図6
7 底裏布の裏面に接着しんをはり、周囲の縫い代を折って6にまつる。→図7
8 7の正面と側面を起こし、各辺をカーブ針でまつる。→出来上がり図

寸法図

正面 表布(パッチワーク・アップリケ+刺しゅう)
(接着キルト綿)
裏布(黄色プリント)(接着しん)(プラスチックボード)
各2枚

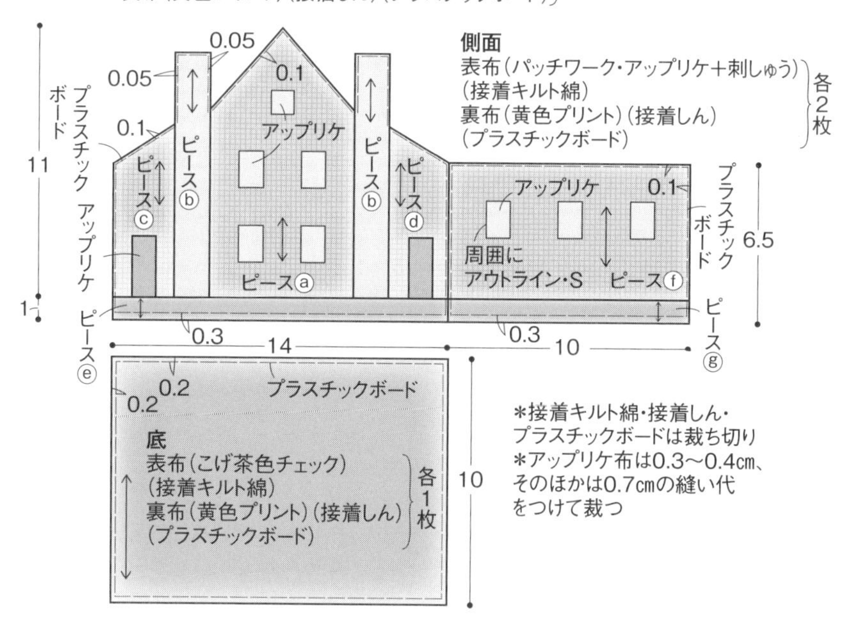

図1　ピースⓐ〜ⓓの縫い合わせ方

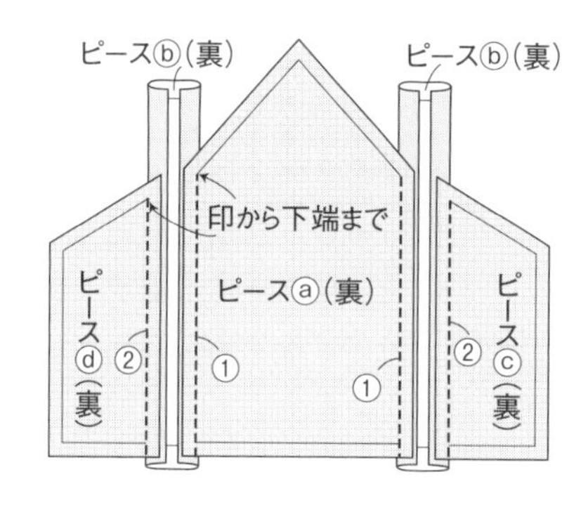

図2　アップリケと刺しゅう

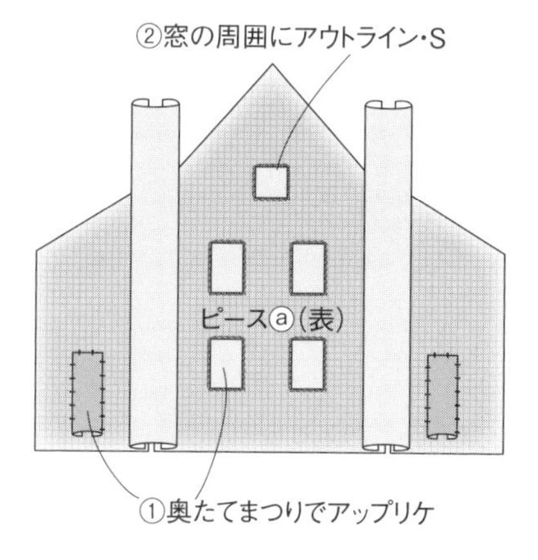

図3　正面表布の仕上げ方

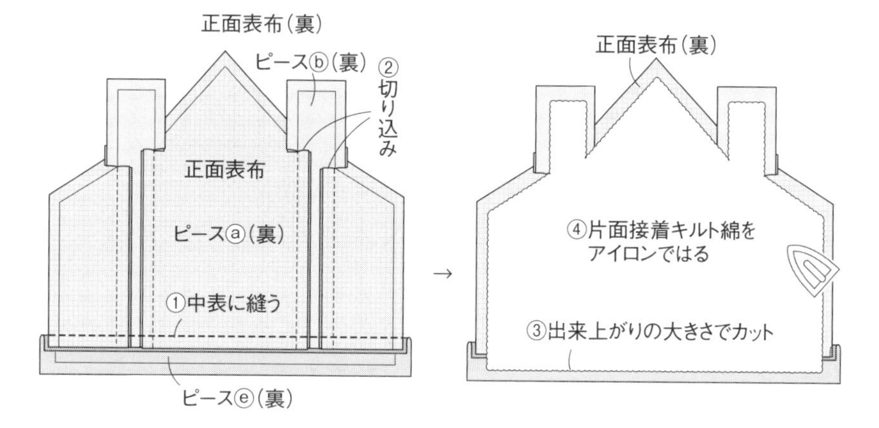

図4　正面表布・裏布の縫い合わせ方

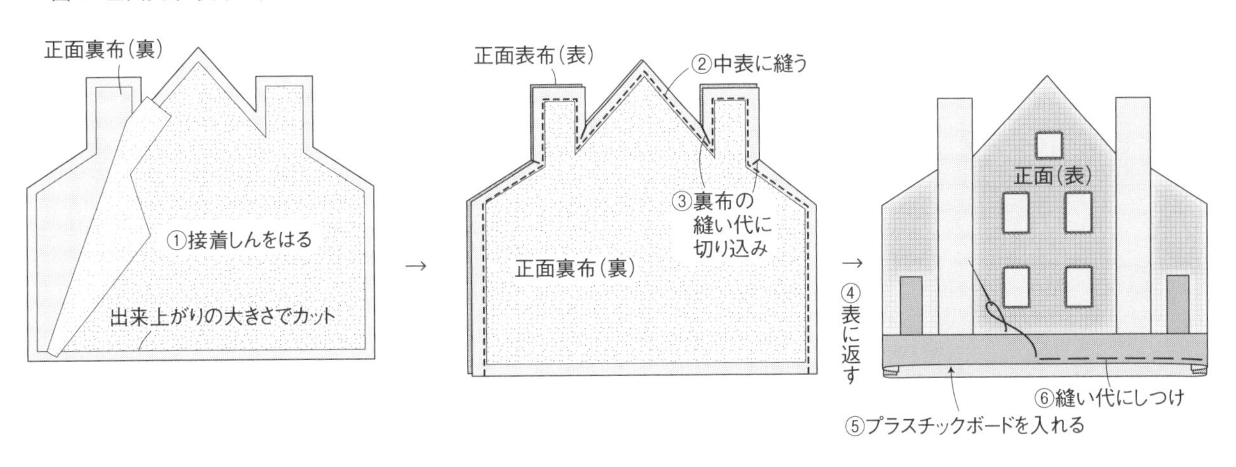

図5　側面の作り方

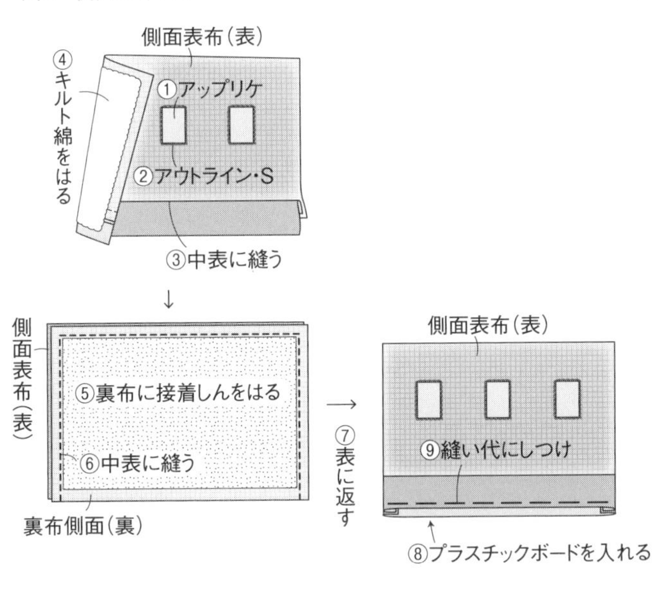

図6　底表布のつけ方

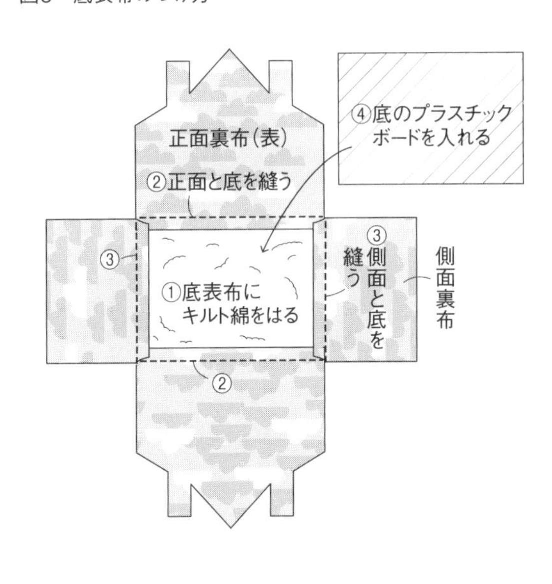

図7　底裏布のつけ方

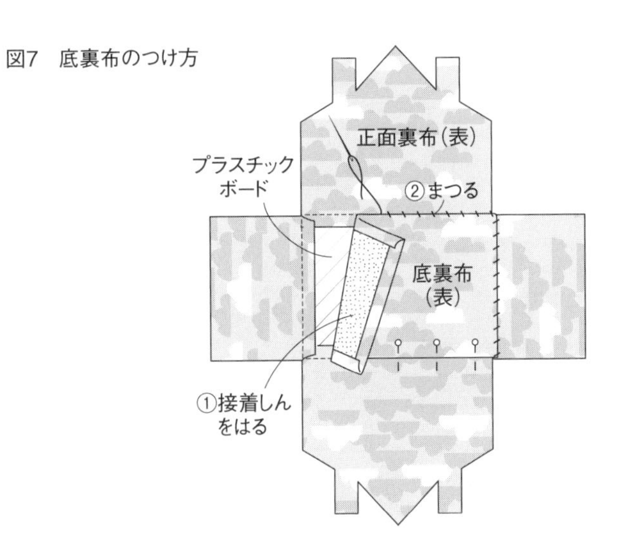

出来上がり図

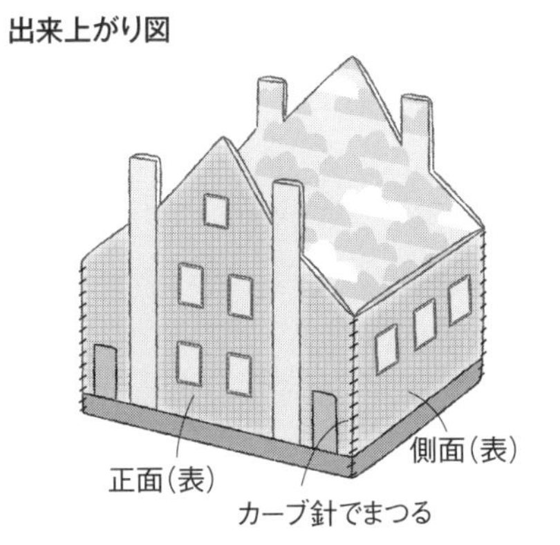

冬の鳥 → page 16

★出来上がり寸法
　丈約11cm　口幅約12cm
★実物大型紙は、付録D面に掲載。

材料

木綿地
　グレープリント…40×15cm（前面・後ろ面）
　こげ茶色チェック…18×10cm（底）
　グレーストライプ…30×15cm（まち）
　はぎれ10種…各適宜（アップリケ）
　チェック…35×30cm（裏布）
キルト綿…35×30cm
口金…12×5.5cm　1個
紙ひも…50cm
25番刺しゅう糸　オリーブ色・茶色・グレー・黒・水色…各適宜

作り方

1 前面の土台布にピース①～⑭の順にアップリケをし、刺しゅうする。後ろ面にも前面と同じ要領でアップリケと刺しゅうをする。
2 底布の上下に前面、後ろ面を縫い合わせる。縫い代は底側に倒す。
3 **2**の本体表布、まち表布にキルティングラインを描く。
4 本体表布と裏布を中表に合わせ、さらに裏布の裏面にキルト綿を重ねて縫い、余分なキルト綿をカットする。表に返し、返し口をまつる。キルティングをする。→図1
5 本体と同じ要領でまちを縫い、キルティングをする。→寸法図
6 本体とまちを中表に合わせてまず表布どうしを巻きかがりで縫い合わせ、次に裏布どうしをすくいとじでとじる。→図2
7 表に返して口金をつける（69ページ図2参照）。

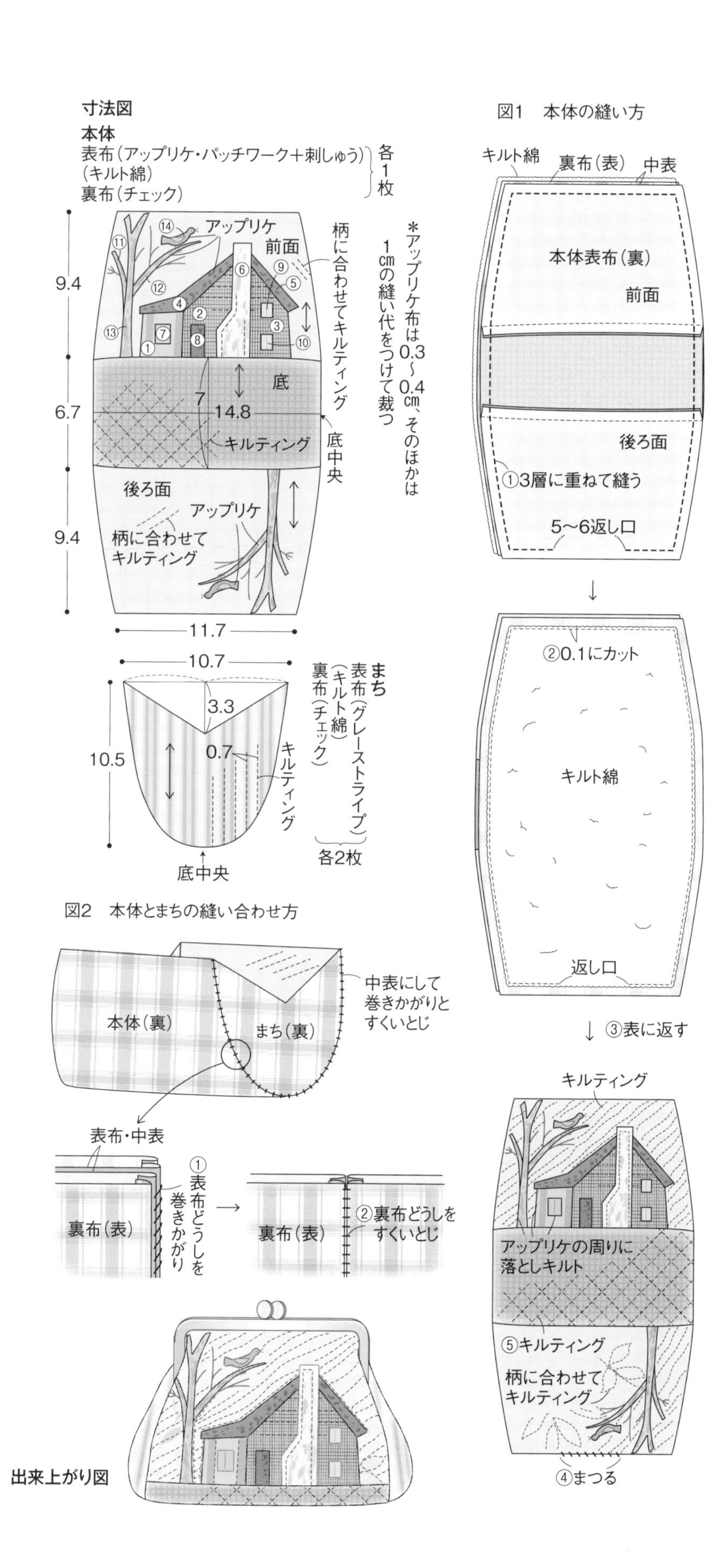

ランチバッグ →page 24

★出来上がり寸法
わき丈約11cm　底約11×11cm
★実物大型紙は、付録D面に掲載。

材料

木綿地
青チェック…35×45cm（前面ピースⓐ・後ろ面表布）
青ぼかし染めチェック…12×12cm（前面ピースⓑ）
茶色チェック…35×35cm（側面表布）
はぎれ6種…各適宜（ピース①〜⑦）
青…60×45cm（裏布）
25番刺しゅう糸　黒・緑・青…各適宜

作り方

1 前面のピースⓐに図案を写す。次にピース①〜⑦の順に奥たてまつりでアップリケをし、刺しゅうする。

2 前面のピースⓐとピースⓑを中表に合わせて縫い、縫い代をピースⓑ側に倒してアイロンで整える。

3 前面の表布と裏布を中表に合わせ、返し口を残して縫う。表に返して形を整え、返し口をまつる。→図1　後ろ面も同様に縫う。

4 側面の表布と裏布を中表に合わせて縫う。→図2　上端から表に返して形を整える。2枚作る。

5 前面と側面を中表に合わせ、縫い止まりから底中心まで、表布どうしを巻きかがりでとじ、次に裏布どうしをすくいとじでとじる。→図3（または76ページ図2①②参照）　同じ要領で4枚を縫い合わせる。

6 2枚の側面の上端を中表に合わせて縫い、一方の縫い代を0.7cmぐらいにカットし、もう一方の縫い代でくるんでまつる。→図4

寸法図

前面
表布（アップリケ・パッチワーク＋刺しゅう）
裏布（青）
各1枚

ピースⓐ（青チェック）
ピースⓑ（青ぼかし染めチェック）
刺しゅう
縫い止まり
底中心
42
30
5
13

側面
表布（茶色チェック）
裏布（青）
各2枚

後ろ面
表布（青チェック）
裏布（青）
各1枚

＊アップリケ布は0.3〜0.4cm、側面の上端は1.5cm
そのほかは1cmの縫い代をつけて裁つ

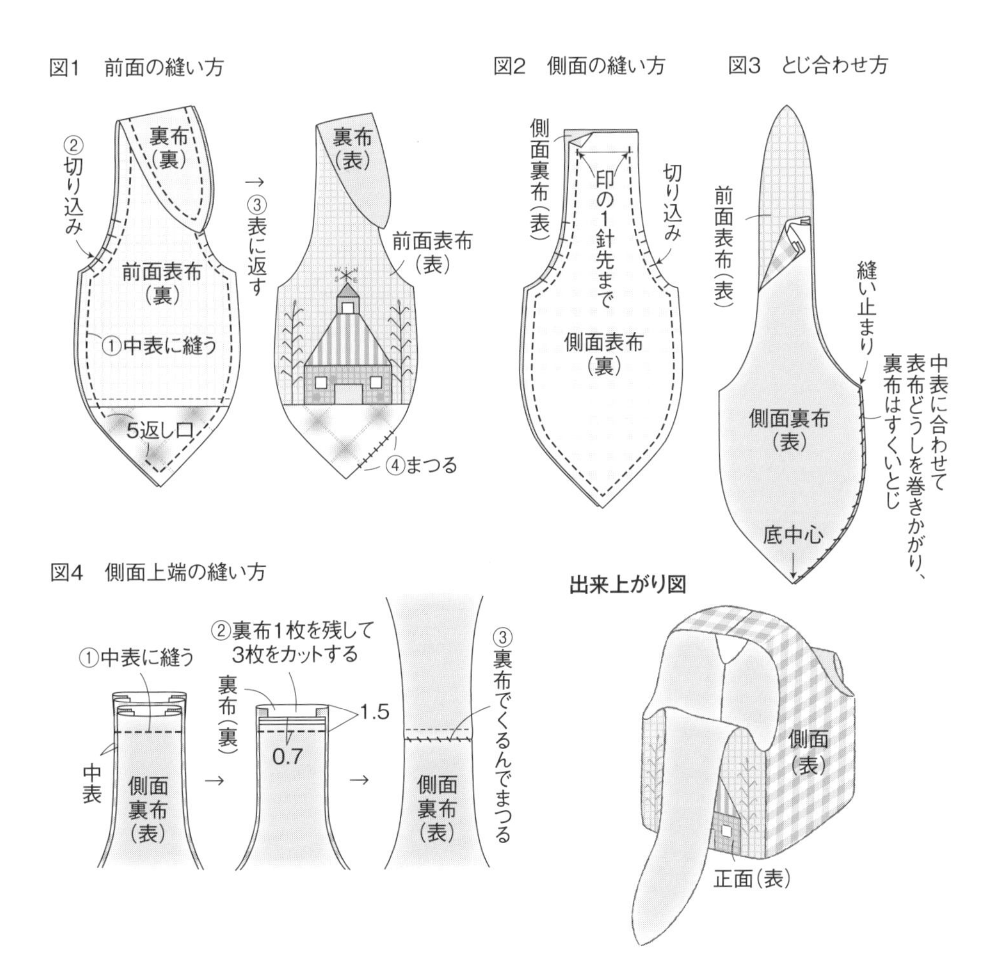

ショルダーバッグ → page 26

★出来上がり寸法
丈20.7cm　幅約32cm　まち幅約3.5cm
★実物大型紙は、付録B面に掲載。

材料

木綿地
チェックⓐ…10×10cm（アップリケ）
チェックⓑ…10×10cm（タブ）
プリントⓒ…75×50cm（前本体・後ろ本体・口布・見返し布・本体口のパイピング布）
プリントⓓ…80×60cm（中袋・内ポケット・裏布・ファスナーポケット袋布A、B・縫い代始末用バイアス布）
薄手接着しん…35×5cm（見返し・タブ）
ファスナー　長さ27cm…2本
リネン混テープ…3cm幅×150cm（肩ひもA・B）
角カン・調節金具…内寸3cm　各1個

作り方

1 前本体表布にハウスのアップリケをする。ダーツを縫い、縫い代を下側に倒す。→図1
2 後ろ本体表布と袋布Aを外表に重ねて周りの縫い代にしつけをかける。薄手接着しんをはった見返しを後ろ本体表布と中表に重ねて、ファスナーつけ位置を縫う。中央に切り込みを入れ、見返し布を袋布A側に返してアイロンで整え、見返し外回りの縫い代を折ってまつる。→図2
3 タブを作る。→図3
4 後ろ本体表布にファスナーとタブをつけ、裏に袋布A・Bを重ねて周りにしつけをかける。→図4
5 前本体表布の表側に、肩ひもAとBを斜めに仮留めし、4と中表に合わせて縫い、表に返す。→図5
6 内ポケットを作り、中央を中袋に縫い留める。→図6
7 表布と同様に、裏布と中袋を中表にして袋に縫い、中表のまま前後本体の内側に入れる。本体と中袋のわきと底の縫い代を軽く縫い合わせ、口側にしつけをかける。
8 口布の表布と裏布を中表に合わせ、間にファスナーをはさんで口側を縫い、口布を作る。→図7
9 本体の上端に口布を外表に合わせ、口側を3.5cmバイアス布でくるみ、パイピング仕上げする。→図8
10 肩ひもを作る。→図9

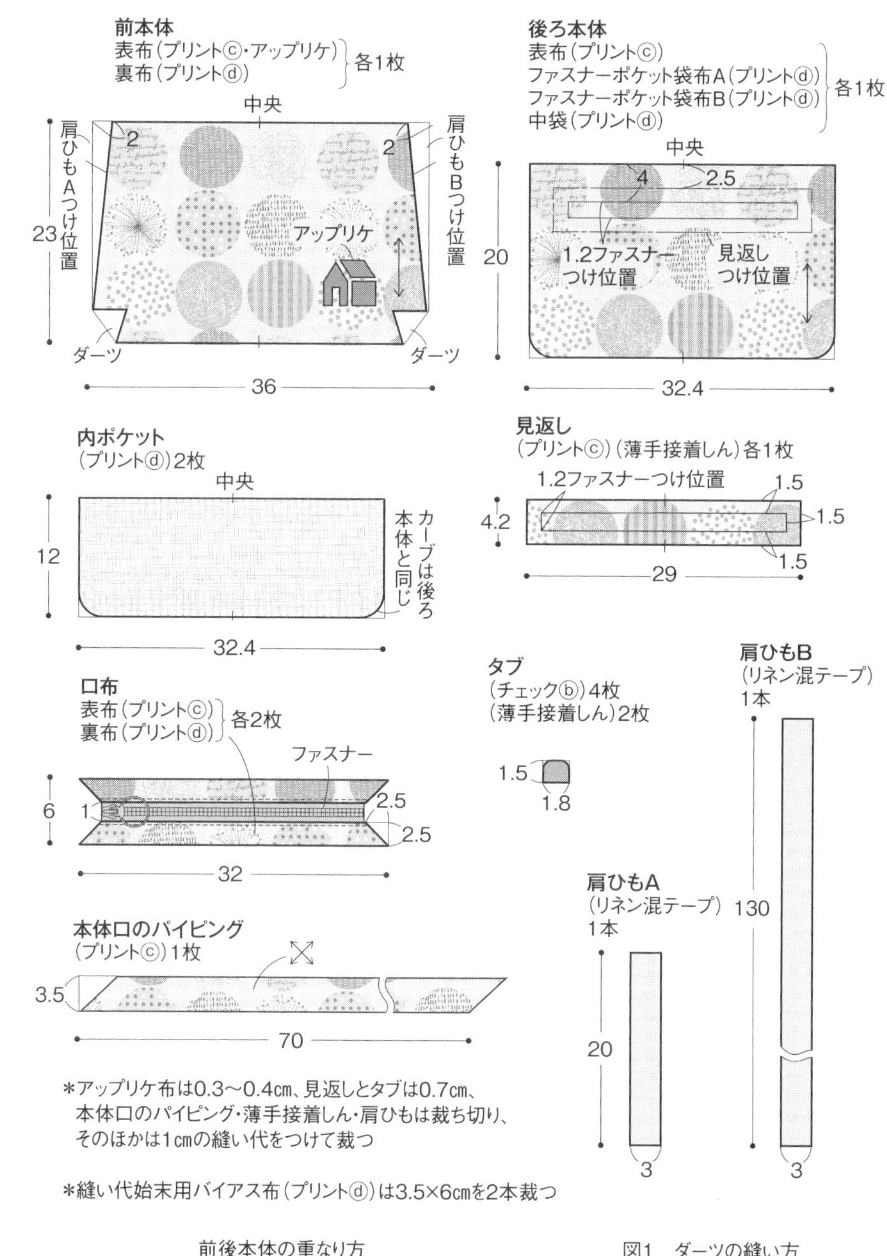

*アップリケ布は0.3〜0.4cm、見返しとタブは0.7cm、本体口のパイピング・薄手接着しん・肩ひもは裁ち切り、そのほかは1cmの縫い代をつけて裁つ

*縫い代始末用バイアス布（プリントⓓ）は3.5×6cmを2本裁つ

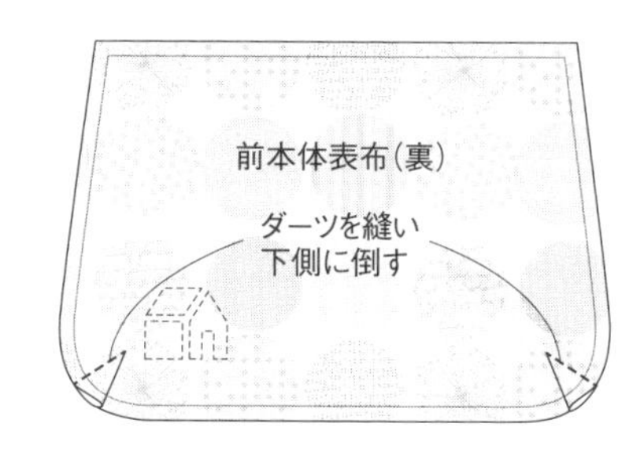

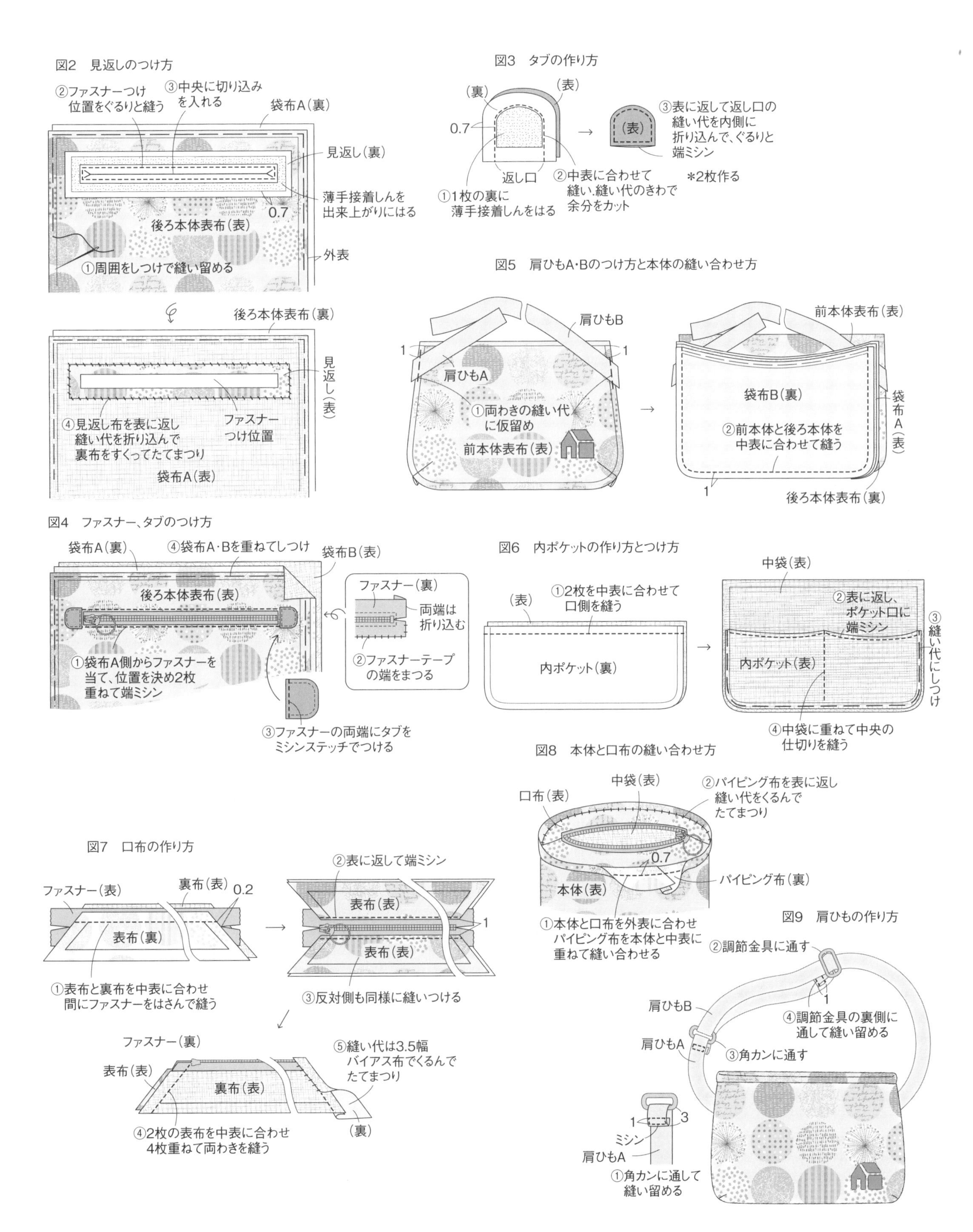

図2　見返しのつけ方
②ファスナーつけ位置をぐるりと縫う
③中央に切り込みを入れる
袋布A（裏）
見返し（裏）
薄手接着しんを出来上がりにはる
0.7
後ろ本体表布（表）
外表
①周囲をしつけで縫い留める
後ろ本体表布（裏）
見返し（表）
④見返し布を表に返し縫い代を折り込んで裏布をすくってたてまつり
ファスナーつけ位置
袋布A（表）
図3　タブの作り方
（裏）
（表）
0.7
返し口
①1枚の裏に薄手接着しんをはる
②中表に合わせて縫い、縫い代のきわで余分をカット
（表）
③表に返して返し口の縫い代を内側に折り込んで、ぐるりと端ミシン
*2枚作る
図5　肩ひもA・Bのつけ方と本体の縫い合わせ方
肩ひもB
1
1
肩ひもA
①両わきの縫い代に仮留め
前本体表布（表）
前本体表布（表）
袋布B（裏）
袋布A（表）
②前本体と後ろ本体を中表に合わせて縫う
1
後ろ本体表布（裏）
図4　ファスナー、タブのつけ方
袋布A（裏）
④袋布A・Bを重ねてしつけ
袋布B（表）
後ろ本体表布（表）
ファスナー（裏）
両端は折り込む
②ファスナーテープの端をまつる
①袋布A側からファスナーを当て、位置を決め2枚重ねて端ミシン
③ファスナーの両端にタブをミシンステッチでつける
図6　内ポケットの作り方とつけ方
（表）
①2枚を中表に合わせて口側を縫う
内ポケット（裏）
中袋（表）
②表に返し、ポケット口に端ミシン
③縫い代にしつけ
内ポケット（表）
④中袋に重ねて中央の仕切りを縫う
図7　口布の作り方
ファスナー（表）
裏布（表）
0.2
表布（裏）
①表布と裏布を中表に合わせ間にファスナーをはさんで縫う
②表に返して端ミシン
表布（表）
1
表布（表）
③反対側も同様に縫いつける
ファスナー（裏）
表布（表）
裏布（表）
⑤縫い代は3.5幅バイアス布でくるんでたてまつり
（裏）
④2枚の表布を中表に合わせ4枚重ねて両わきを縫う
図8　本体と口布の縫い合わせ方
口布（表）
中袋（表）
②パイピング布を表に返し縫い代をくるんでたてまつり
0.7
本体（表）
パイピング布（裏）
①本体と口布を外表に合わせパイピング布を本体と中表に重ねて縫い合わせる
図9　肩ひもの作り方
②調節金具に通す
1
④調節金具の裏側に通して縫い留める
肩ひもB
肩ひもA
③角カンに通す
1
3
ミシン
肩ひもA
①角カンに通して縫い留める

青い塔 → page 28

★出来上がり寸法
丈30cm　口幅18cm　底のまち10×8cm
★実物大型紙は、付録A面に掲載。

材料

木綿地
青むら染めチェック…40×25cm（土台布）
紺チェック…40×10cm（底布）
茶系はぎれ約10種…各適宜（ピースⓐ、ⓑ）
グレーチェック・青・紺柄・紺織り柄・
ベージュ柄・グレー柄…各適宜（アップリケ）
黒織り柄…40×5cm（口布）
ベージュチェック…40×40cm（裏布）
綿テープ　黒…3cm幅　42cm　1本（持ち手）
25番刺しゅう糸　紺・グレー…各適宜

作り方

1 土台布に奥たてまつりでアップリケをし、刺しゅうをする。
2 ピースⓐ、ⓑをすべてつなぎ合わせる。
3 口布、**2**のピースワーク、**1**のアップリケをした布、底布を寸法図のように縫い合わせる。
4 **3**の表布を中表に折り、わきと底を縫う。底のまちも縫い、それぞれ縫い代を割る。→図1
5 裏布のわきと底、底のまちを表布と同様に縫う。このとき、わきに返し口を7〜8cm残しておく。
6 表布の上端に持ち手用テープを仮留めし、裏布を中表に合わせて上端を縫う。→図2
7 裏布の返し口から表に返して形を整え、返し口をまつって閉じる。口の上端にはミシンでステッチをかける。→出来上がり図

寸法図

本体
表布（パッチワーク・アップリケ＋刺しゅう）
裏布（ベージュチェック）
各1枚

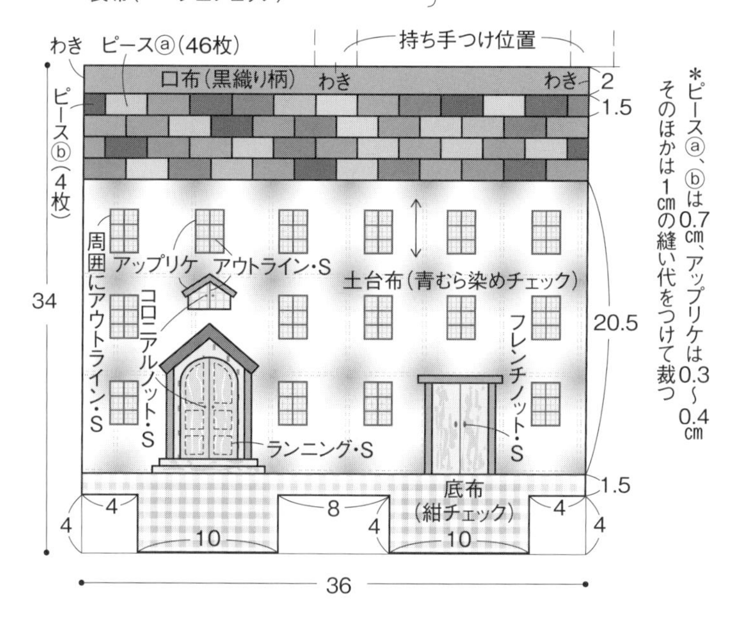

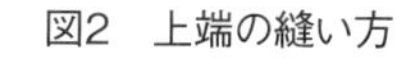

図1　わき、底、まちの縫い方　図2　上端の縫い方

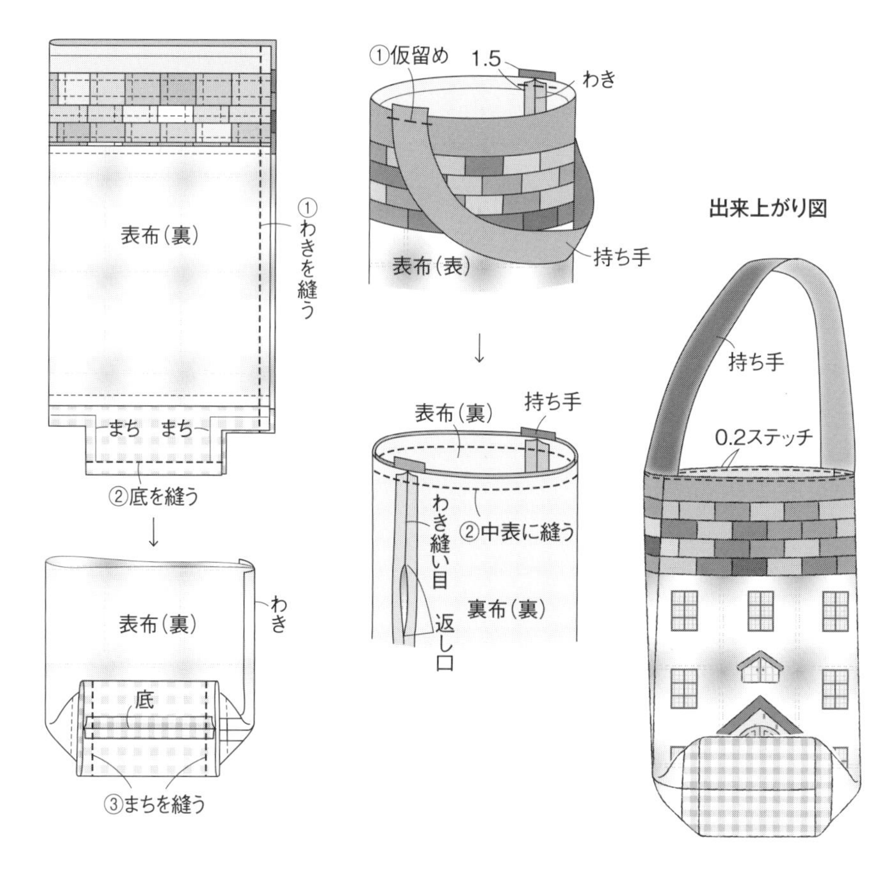

ソーイングポーチ → page 30

★出来上がり寸法
縦14cm　横23cm　高さ7.7cm
★ふたの実物大型紙は、付録B面に掲載。

材料

木綿地
　はぎれ約20種…各適宜（アップリケ）
　ブルーグレー柄…27×18cm（ふた土台布）
　茶色プリント…80×15cm（まち）
　茶色水玉…27×18cm（底）
　黒織り柄…10×15cm（タブ）
　グレープリント…110cm幅　50cm（ふた裏布・パイピング布）
薄手木綿…80×50cm（当て布）
厚手チュール…25×15cm（ふた内側）
キルト綿…110×50cm
厚手接着しん…75×50cm
両面接着シート…適宜
ファスナー…60cm（両開きタイプ、まち）
　　　　　・20cm（ふた内側）　各1本
25番刺しゅう糸　こげ茶色・生成り・赤・青・薄茶色・ブルーグレー・茶色・ベージュ・黄緑…各適宜

作り方

1 ふたの土台布に図案を写し、ピース①～㉚（番号は実物大型紙を参照）の順に、奥たてまつりでアップリケをし、刺しゅうをしてキルティング図案を描く。
2 ふたの当て布、キルト綿、1の表布の順に三層に重ねてしつけをかけ、キルティングをする。
3 底の表布にキルティングをする。→図1
4 ファスナーつきのまちを作る。→図2
5 タブを作り、仮留めする。→図3
6 ファスナーつきのまちと後ろまちを縫い合わせる。→図4
7 まちに底表布をつける。同じ要領で、まち上側と1のふたを縫い合わせる。→図5
8 底裏布を作る。まず7を表に返して形を整え、底の内側の寸法を測って底裏布の大きさを調節する。裏にしんをはり、四隅をぐし縫いする。→図6
9 ふた内側を作る。→図7
10 ふた内側、底裏布をまつりつける。→図8

寸法図

ふた
表布（アップリケ＋刺しゅう）（キルト綿）（当て布）
裏布（グレープリント）（厚手接着しん）
各1枚

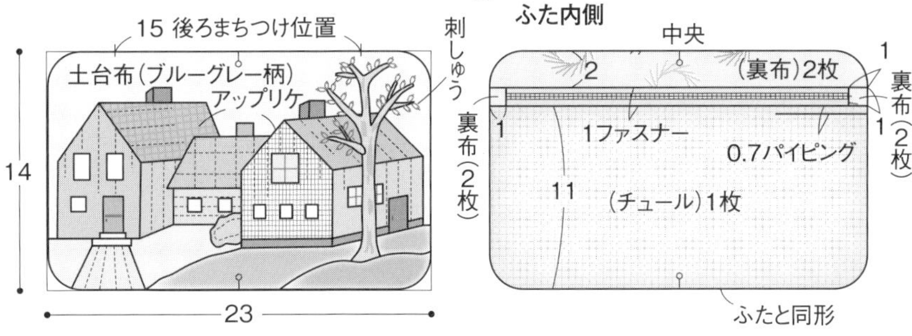

まちふた側
表布（茶色プリント）（キルト綿）（当て布）
裏布（グレープリント）（厚手接着しん）
各1枚

1.2
1
ファスナー
前中央わ
ミシンでキルティング
1
5.5
55.6

まち下側
表布（茶色プリント）（キルト綿）（当て布）
裏布（グレープリント）（厚手接着しん）
各1枚

後ろまち
表布（茶色プリント）（キルト綿）
裏布（グレープリント）（厚手接着しん）
各1枚

7.7
ミシンでキルティング
1
15

タブ
（黒織り柄）2枚
4
5.6

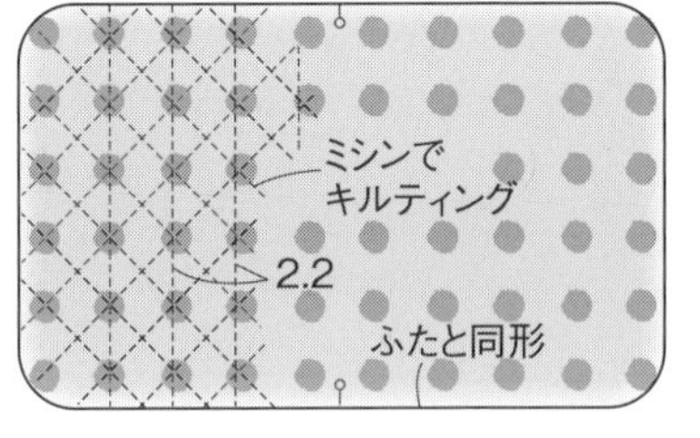

底
表布（茶色水玉）（キルト綿）（当て布）
（厚手接着しん）
裏布（グレープリント）（厚手接着しん）
各1枚

＊アップリケ布は0.3～0.4cm、ふたと底のキルト綿・当て布は2cm、
そのほかは1cmの縫い代をつけて裁つ
＊厚手接着しんは裁ち切り
＊ふた内側ポケットのパイピング布（グレープリント）は2.5cm幅のバイアス布を25cm裁つ

図1　底表布のキルティングの仕方

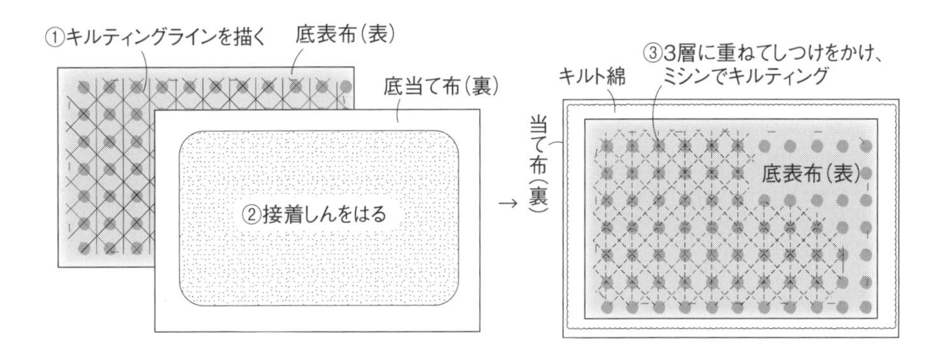

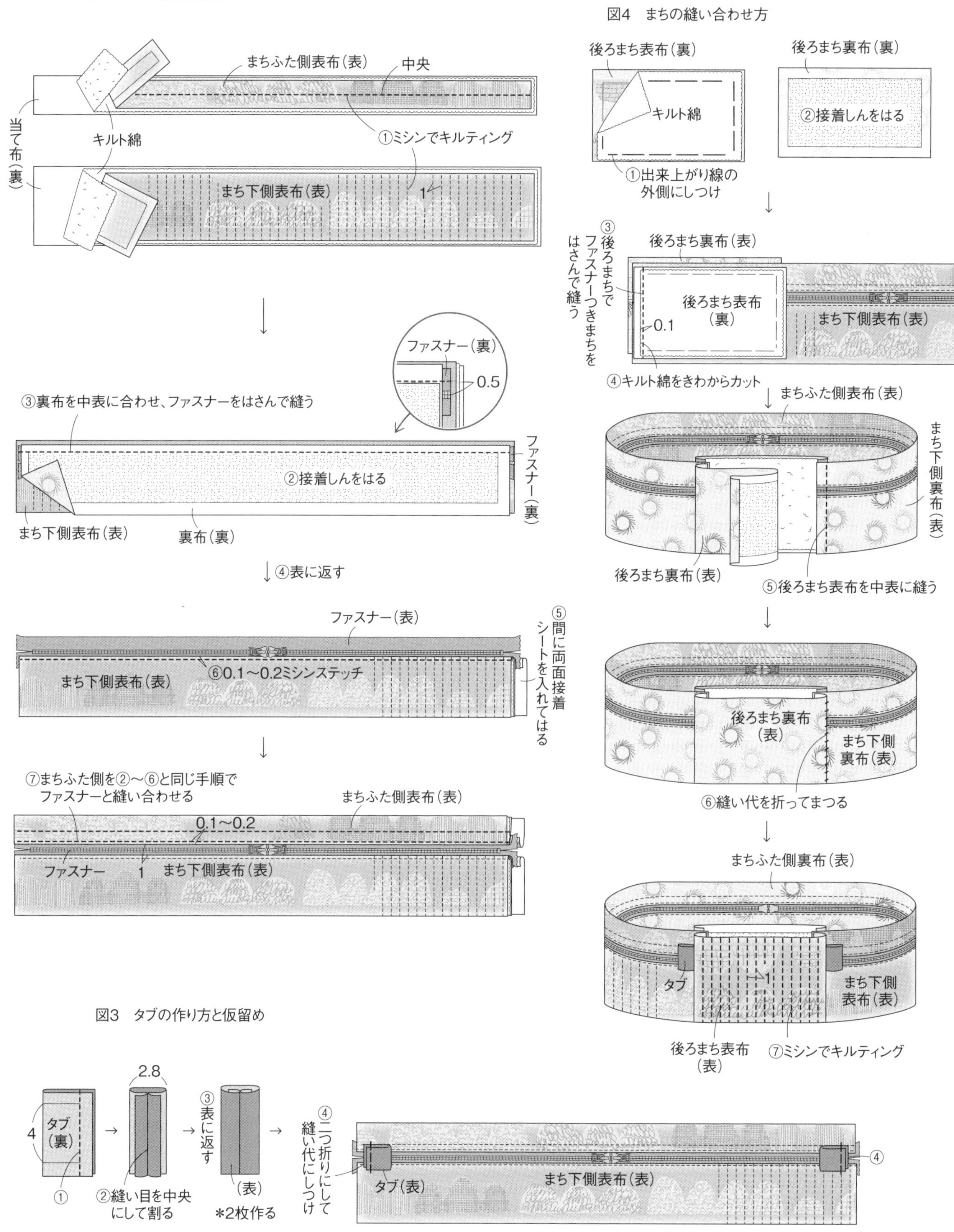

図2　ファスナーつきまちの縫い方
まちふた側表布(表)
中央
当て布(裏)
キルト綿
①ミシンでキルティング
まち下側表布(表)
1
ファスナー(裏)
0.5
③裏布を中表に合わせ、ファスナーをはさんで縫う
②接着しんをはる
ファスナー(裏)
まち下側表布(表)
裏布(裏)
④表に返す
ファスナー(表)
⑤間に両面接着シートを入れてはる
⑥0.1〜0.2ミシンステッチ
まち下側表布(表)
⑦まちふた側を②〜⑥と同じ手順でファスナーと縫い合わせる
まちふた側表布(表)
0.1〜0.2
ファスナー
1
まち下側表布(表)
図3　タブの作り方と仮留め
2.8
4
タブ(裏)
①
②縫い目を中央にして割る
③表に返す
(表)
*2枚作る
④二つ折りにして縫い代にしつけ
タブ(表)
まち下側表布(表)
④
図4　まちの縫い合わせ方
後ろまち表布(裏)
キルト綿
①出来上がり線の外側にしつけ
後ろまち裏布(裏)
②接着しんをはる
③後ろまちでファスナーつきまちをはさんで縫う
後ろまち裏布(表)
後ろまち表布(裏)
0.1
まち下側表布(表)
④キルト綿をきわからカット
まちふた側表布(表)
まち下側裏布(表)
後ろまち裏布(表)
⑤後ろまち表布を中表に縫う
後ろまち裏布(表)
まち下側裏布(表)
⑥縫い代を折ってまつる
まちふた側裏布(表)
タブ
1
まち下側表布(表)
後ろまち表布(表)
⑦ミシンでキルティング

図5　まちと底表布・ふた表布の縫い合わせ方

図7　ふた内側の作り方

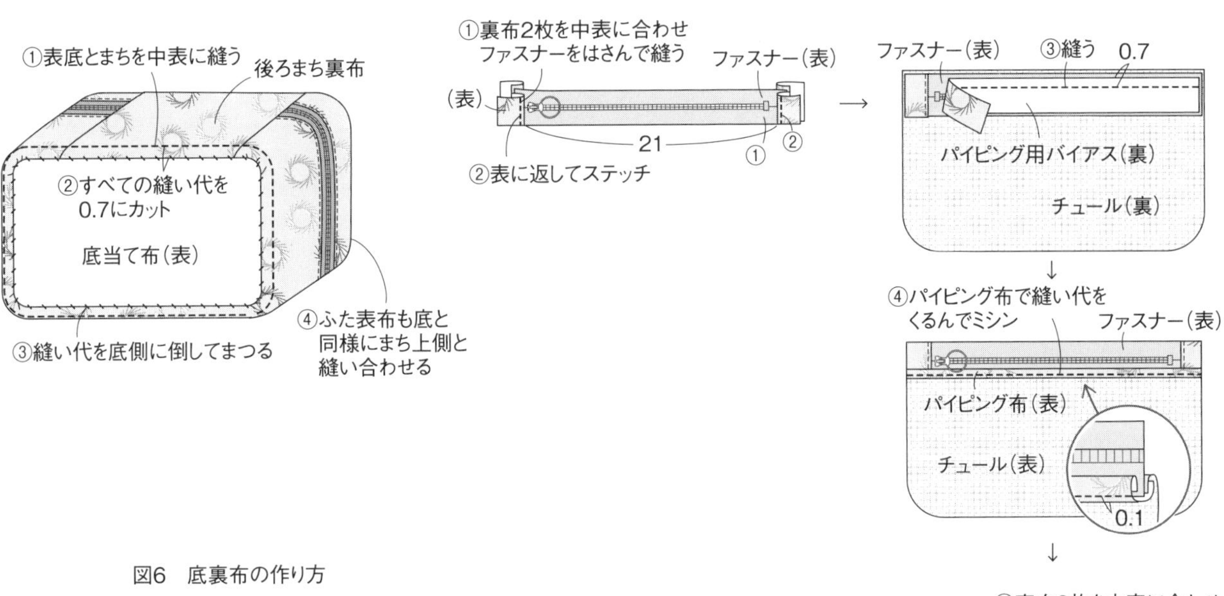

⑤裏布2枚を中表に合わせ
ファスナーをはさんで縫い
表に返して2本ステッチ

裏布（表）
0.7
0.1
（裏）
チュール（表）

図6　底裏布の作り方

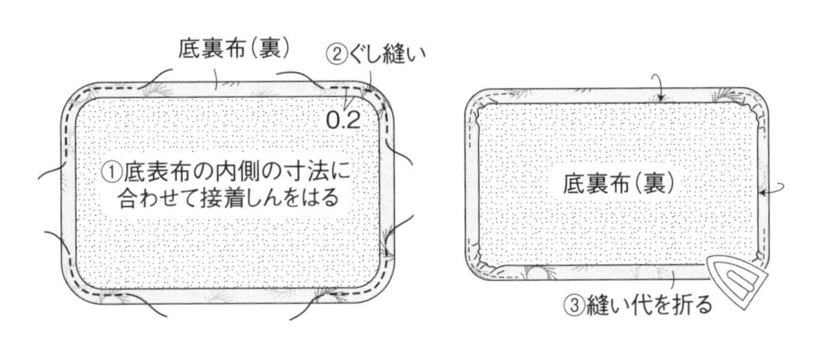

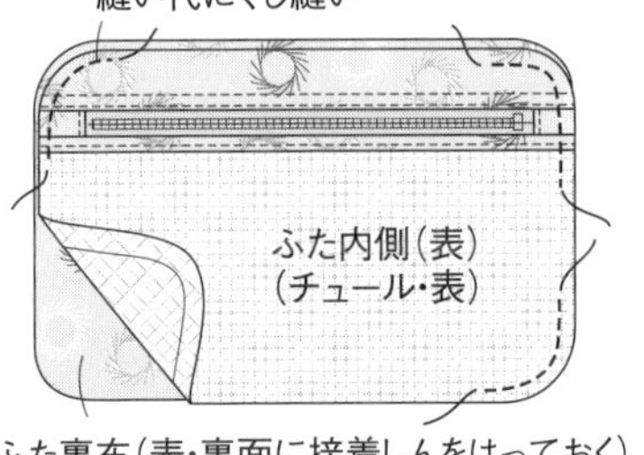

図8　ふた内側、底裏布のつけ方

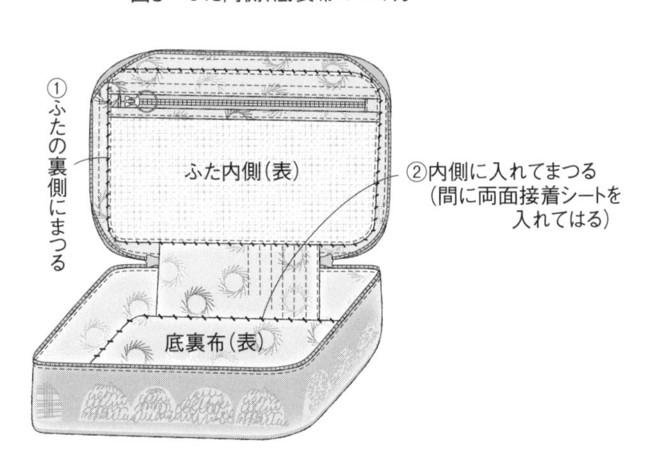

きのこの家とてんとう虫 → page 34

★出来上がり寸法
文約34cm　幅18cm　わきのまち幅7cm
★実物大型紙は、付録D面に掲載。

材料

木綿地
緑柄…45×60cm(表布)
グレー柄…45×60cm(裏布)
茶色柄…10×15cm(ピース①、⑪)
ベージュ織り柄…12×7cm(ピース②)
赤水玉…15×15cm(ピース③)
グレー柄…6×7cm(ピース④)
青柄・黄色チェック・赤・こげ茶チェック・黒・こげ茶柄・ベージュ…各適宜
(ピース⑤～⑩、⑫)
緑むら染め…60×50cm(パイピング布)
25番刺しゅう糸　こげ茶色・青・黒・黄色・生成り…各適宜

作り方

1 前表布(土台布)に図案を写し、ピース①～⑫の順に奥たてまつりでアップリケをし、刺しゅうをする。
2 1の前表布と後ろ表布を中表に合わせて両わきを縫う。→図1　縫い代は割る。
3 前の持ち手どうし、後ろの持ち手どうしの上端を中表に合わせて縫う。→図2　縫い代を割り、表に返して形を整える。
4 裏布も2、3と同じ要領でわきと持ち手の上端を縫う。
5 前後表布の内側に4の前後裏布を外表に合わせて入れ、持ち手の周囲、底をしつけで留める。
6 持ち手の周囲を2.5cm幅のバイアス布でくるんでパイピングをする。→図3
7 両わきを3.5cm内側に折ってたたみ、底を2.5cm幅のバイアス布でくるんでパイピングをする。→出来上がり図
8 前後の持ち手の上部をそれぞれ外表に半分に折り、6cm程度縫い留める。→出来上がり図

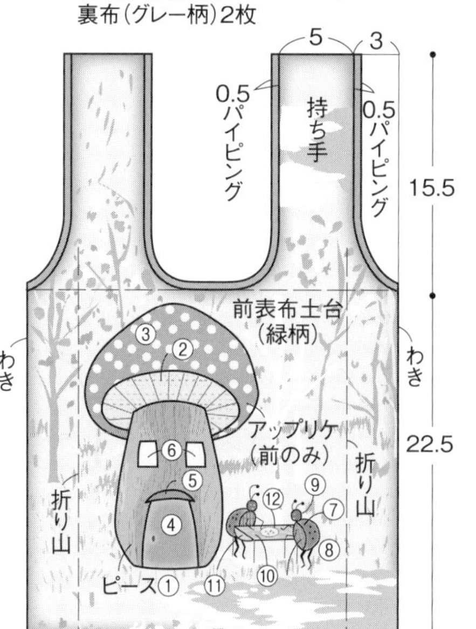
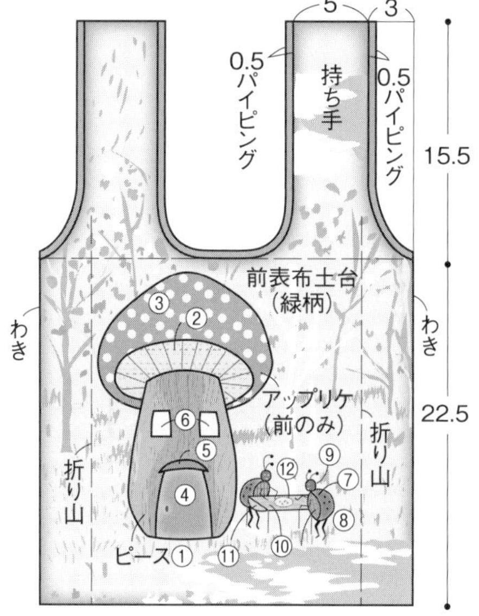

*パイピング布(緑のむら染め)は2.5cm幅のバイアスで42cmを2本、72cm・22cmを各1本裁つ
*アップリケ布は0.3～0.4cm、わきと持ち手上端は1cm、そのほかは0.5cmの縫い代をつけて裁つ
*ピース①～⑫はアップリケの順番
*刺しゅうは実物大型紙を参照

図1　わきの縫い方

後ろ表布(表)
わき
前表布(裏)
わき

図2　持ち手上端の縫い方

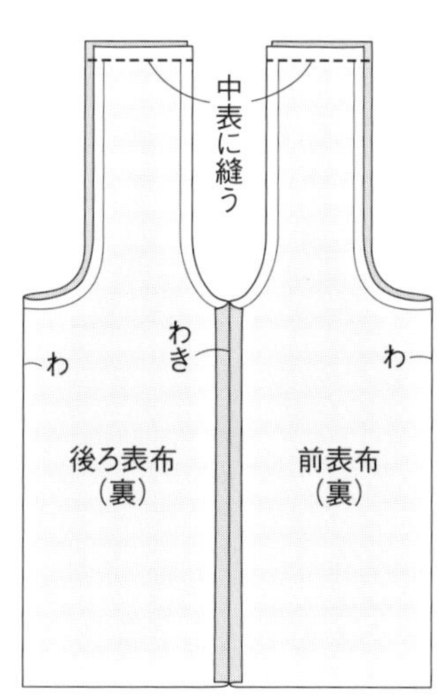

図3　パイピングの仕方

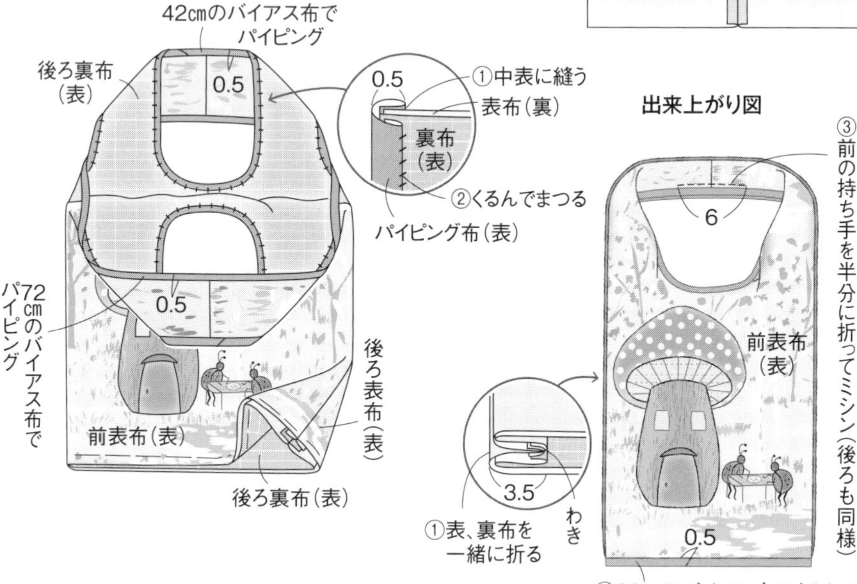

石造りのレストラン → page 38

★出来上がり寸法
丈23.7cm　幅32cm　まち幅9cm
★実物大型紙は、付録B面に掲載。

材料

木綿地
　はぎれ約30種…各適宜
　(ピース・アップリケ)
　プリントⓐ…10×5cm
　(ファスナー端の当て布)
　チェックⓑ…2.5cm幅バイアス×20cm　2本
　(ピース・外ポケット口のバイアス布)
　水玉織り柄…90×45cm(前本体・後ろ本体・まち・外ポケット・外ポケット裏布)
　ストライプ…25×20cm(シェード)
　チェックⓒ…10×25cm(持ち手飾り布)
　チェックⓓ…35×40cm(見返し布・口布)
　プリントⓔ…15×40cm(ピース・底)
　プリントⓕ…110×55cm(裏布・縫い代始末用バイアス布)
キルト綿…90×75cm
薄手キルト綿…30×15cm
厚手接着しん…35×10cm(底)
薄手接着しん…45×15cm(シェード・見返し・持ち手飾り布)
両面接着シート…35×25cm(見返し、底)
ファスナー…長さ40cm　1本
リネン混テープ…3cm幅　50cm(持ち手)
合皮コード…太さ0.2cm　適宜(ファスナー飾り用)
1.5cm角パーツ…1個(ファスナー飾り)
25番刺しゅう糸　黒、茶色、オレンジ、グリーン、濃いグレー、グレー、薄いグレー…各適宜

作り方

1 ピースワークとアップリケ、刺しゅうをして前本体と後ろ本体の表布を作る。それぞれ裏布、キルト綿、表布の3層に重ねてしつけをかけ、キルティングをする。→寸法図
2 まちは裏布、キルト綿、表布の3層に重ねてしつけをかけ、ミシンキルトをする。裏布の口側に出来上がり線を引き、口側をバイアス布でくるんで表側にまつる。→図1
3 外ポケットは表布にアップリケと刺しゅうをして、3層に重ねてキルティングをし、まちに重ねて仮留めする。→図2(①〜⑤)
4 底の裏布の裏面に厚手接着しんをはり、キルト綿、表布の3層に重ねてしつけをかけ、ミシンキルトをする。→図2(⑥)
5 外ポケットをはさんでまちと底を中表に合わせ、底側を印から印まで縫い、縫い代はまちの裏布でくるんで始末する。→図2(図⑦〜⑨)
6 前本体、後ろ本体と**5**を中表に合わせて両わき、底の順に印から印まで縫う。縫い代は2.5cm幅バイアス布でまち全部をくるんで本体側に倒してまつる。→図3
7 持ち手を作り、本体に仮留めする。→図4
8 本体の屋根部分の寸法に合わせて調整した見返しを作り、本体と中表に合わせて口側を印から印まで縫い、表に返す。→図5
9 口布を作る。→図6
10 本体の内側に口布を外表に合わせてしつけをかけ、表側から布端にミシンステッチで縫い留める。→図7(①)
11 本体と見返しの間に両面接着シートをはさんで見返しをまつり、アイロンで接着する。→図7(②③)
12 シェードを作り、まちにつける。→図8
13 ファスナー飾りをつける。→図8

寸法図

前本体
表布(パッチワーク・アップリケ＋刺しゅう)
(キルト綿)
裏布(プリントⓕ)
各1枚

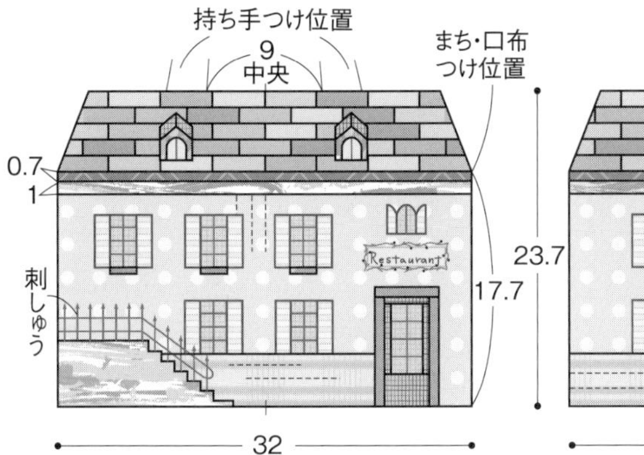

後ろ本体
表布(パッチワーク・アップリケ＋刺しゅう)
(キルト綿)
裏布(プリントⓕ)
各1枚

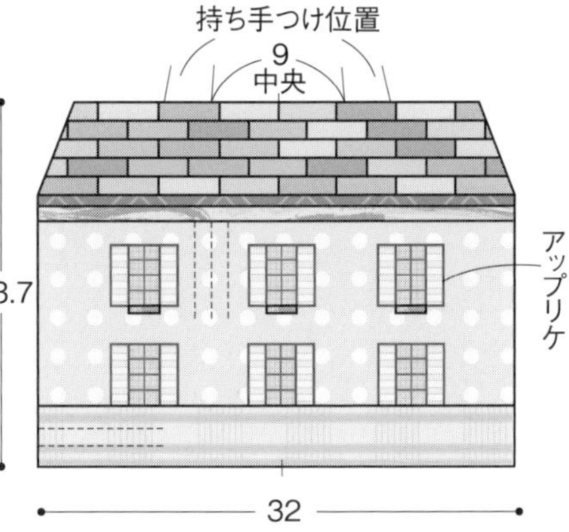

持ち手
(リネン混テープ)
飾り布(チェックⓒ)(薄手接着しん)
各2枚

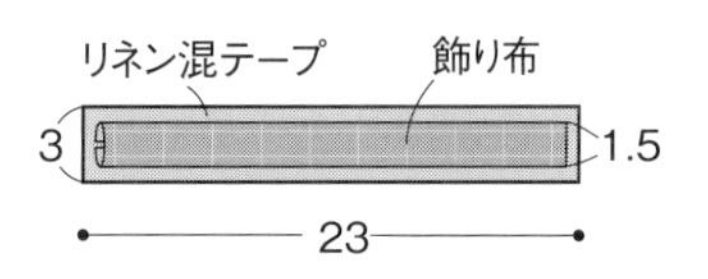

＊口布とシェード以外のアップリケ布は0.3〜0.4cm、底・まち・外ポケットは1cm、キルト綿・裏布は3cm、そのほかは0.7cmの縫い代をつけて裁つ
＊まちのバイアス布・各接着しん・両面接着シートは裁ち切り
＊縫い代始末用バイアス布(プリントⓕ)は2.5×73cmを2本作る
(バイアステープのはぎ方は68ページ参照)

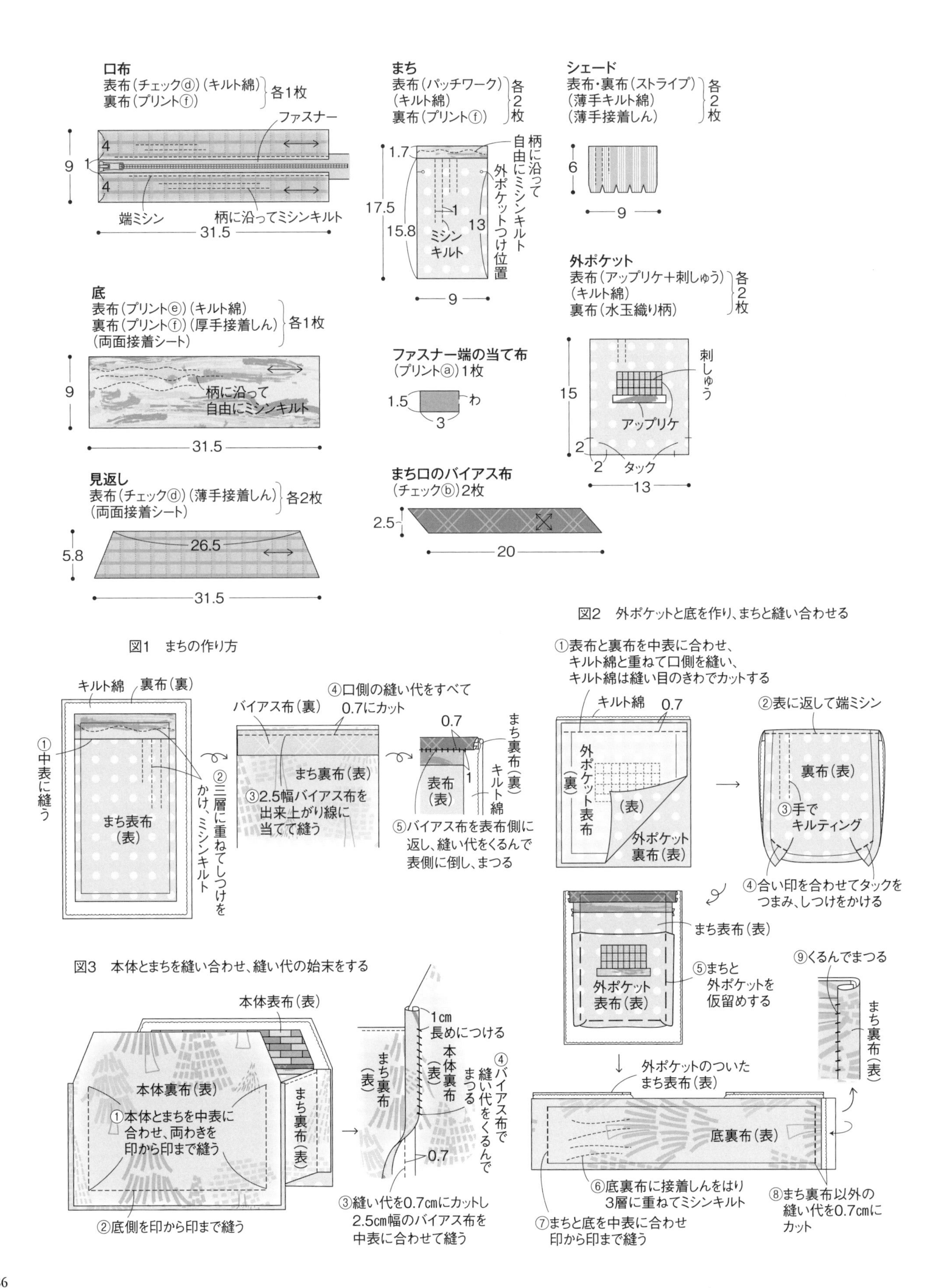
口布
表布（チェックⓓ）（キルト綿）
裏布（プリントⓕ）
各1枚
ファスナー
4
1
4
9
端ミシン
柄に沿ってミシンキルト
31.5
まち
表布（パッチワーク）
（キルト綿）
裏布（プリントⓕ）
各2枚
1.7
柄に沿って自由にミシンキルト
外ポケットつけ位置
17.5
15.8
1
13
ミシンキルト
9
シェード
表布・裏布（ストライプ）
（薄手キルト綿）
（薄手接着しん）
各2枚
6
9
外ポケット
表布（アップリケ＋刺しゅう）
（キルト綿）
裏布（水玉織り柄）
各2枚
刺しゅう
15
アップリケ
2
2
タック
13
底
表布（プリントⓔ）（キルト綿）
裏布（プリントⓕ）（厚手接着しん）
（両面接着シート）
各1枚
9
柄に沿って自由にミシンキルト
31.5
ファスナー端の当て布
（プリントⓐ）1枚
1.5
わ
3
見返し
表布（チェックⓓ）（薄手接着しん）
（両面接着シート）
各2枚
5.8
26.5
31.5
まち口のバイアス布
（チェックⓑ）2枚
2.5
20
図1　まちの作り方
キルト綿
裏布（裏）
①中表に縫う
②三層に重ねてしつけをかけ、ミシンキルト
まち表布（表）
バイアス布（裏）
④口側の縫い代をすべて0.7にカット
まち裏布（表）
③2.5幅バイアス布を出来上がり線に当てて縫う
0.7
1
表布（表）
まち裏布（裏）
キルト綿
⑤バイアス布を表布側に返し、縫い代をくるんで表側に倒し、まつる
図2　外ポケットと底を作り、まちと縫い合わせる
①表布と裏布を中表に合わせ、キルト綿と重ねて口側を縫い、キルト綿は縫い目のきわでカットする
キルト綿
0.7
外ポケット表布（裏）
（表）
外ポケット裏布（表）
②表に返して端ミシン
裏布（表）
③手でキルティング
④合い印を合わせてタックをつまみ、しつけをかける
まち表布（表）
⑤まちと外ポケットを仮留めする
外ポケット表布（表）
外ポケットのついたまち表布（表）
底裏布（表）
⑥底裏布に接着しんをはり3層に重ねてミシンキルト
⑦まちと底を中表に合わせ印から印まで縫う
⑧まち裏布以外の縫い代を0.7cmにカット
⑨くるんでまつる
まち裏布（表）
図3　本体とまちを縫い合わせ、縫い代の始末をする
本体表布（表）
本体裏布（表）
①本体とまちを中表に合わせ、両わきを印から印まで縫う
まち裏布（表）
②底側を印から印まで縫う
1cm長めにつける
まち裏布（表）
本体裏布（表）
④バイアス布で縫い代をくるんでまつる
0.7
③縫い代を0.7cmにカットし2.5cm幅のバイアス布を中表に合わせて縫う

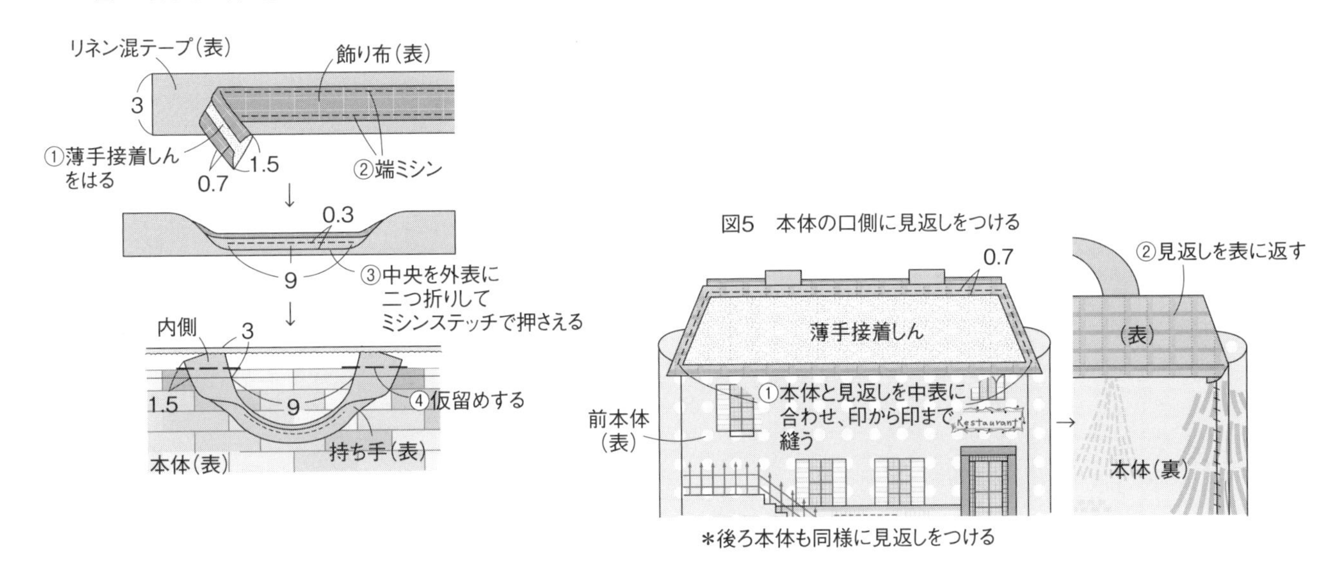
図4　持ち手の作り方とつけ方
リネン混テープ（表）
飾り布（表）
3
①薄手接着しんをはる
0.7
1.5
②端ミシン
0.3
9
③中央を外表に二つ折りしてミシンステッチで押さえる
内側
3
1.5
9
④仮留めする
本体（表）
持ち手（表）
図5　本体の口側に見返しをつける
0.7
薄手接着しん
①本体と見返しを中表に合わせ、印から印まで縫う
前本体（表）
Restaurant
②見返しを表に返す
（表）
本体（裏）
＊後ろ本体も同様に見返しをつける

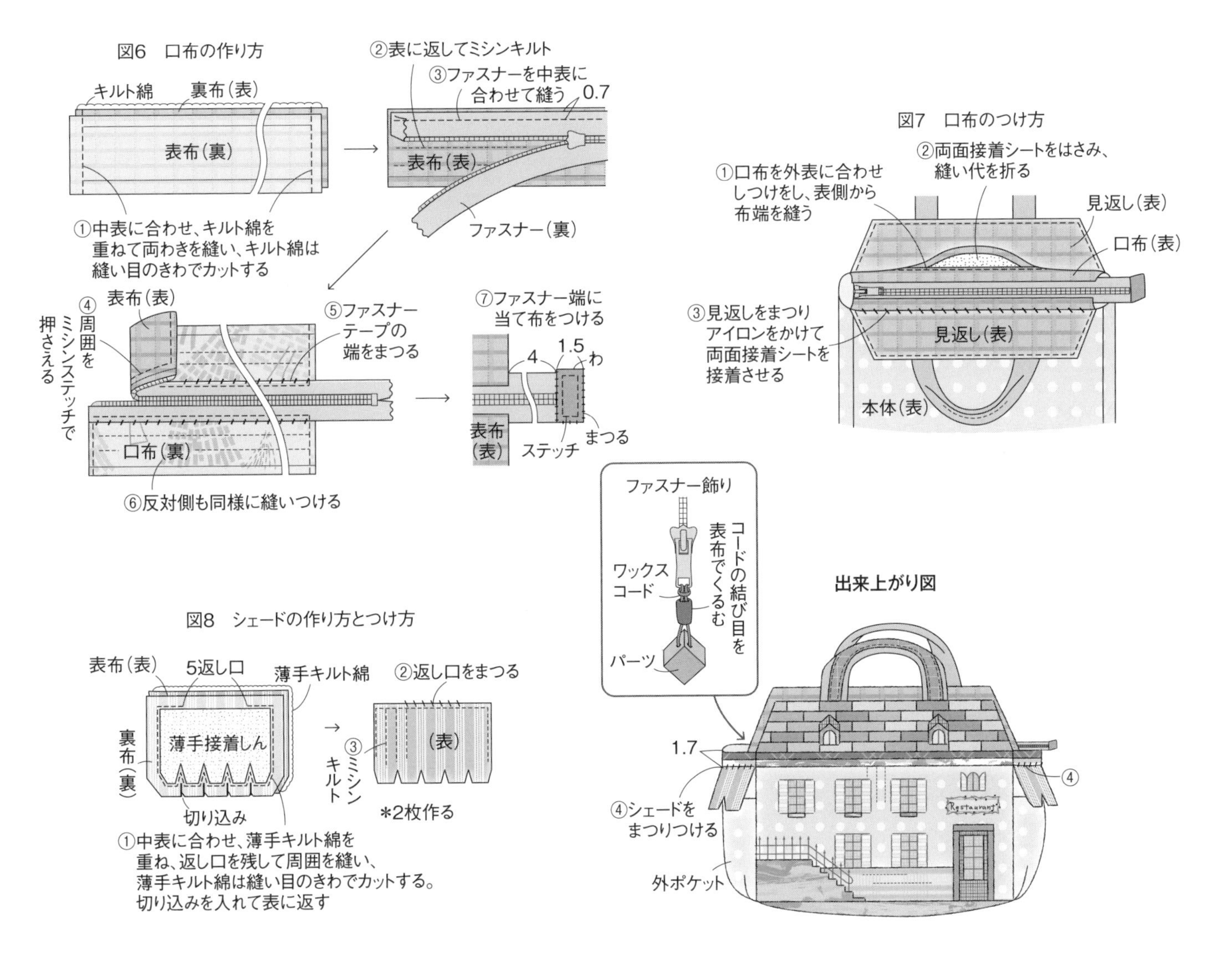
図6　口布の作り方
キルト綿
裏布（表）
表布（裏）
①中表に合わせ、キルト綿を重ねて両わきを縫い、キルト綿は縫い目のきわでカットする
②表に返してミシンキルト
③ファスナーを中表に合わせて縫う
0.7
表布（表）
ファスナー（裏）
表布（表）
④周囲をミシンステッチで押さえる
⑤ファスナーテープの端をまつる
口布（裏）
⑥反対側も同様に縫いつける
⑦ファスナー端に当て布をつける
4
1.5
わ
表布（表）
ステッチ
まつる
図7　口布のつけ方
①口布を外表に合わせしつけをし、表側から布端を縫う
②両面接着シートをはさみ、縫い代を折る
見返し（表）
口布（表）
③見返しをまつりアイロンをかけて両面接着シートを接着させる
見返し（表）
本体（表）
ファスナー飾り
ワックスコード
パーツ
コードの結び目を表布でくるむ
出来上がり図
1.7
④
④シェードをまつりつける
外ポケット
Restaurant
図8　シェードの作り方とつけ方
表布（表）
5返し口
薄手キルト綿
裏布（裏）
薄手接着しん
切り込み
①中表に合わせ、薄手キルト綿を重ね、返し口を残して周囲を縫い、薄手キルト綿は縫い目のきわでカットする。切り込みを入れて表に返す
②返し口をまつる
③ミシンキルト
（表）
＊2枚作る

アパートメント・パスケース

→ page 40

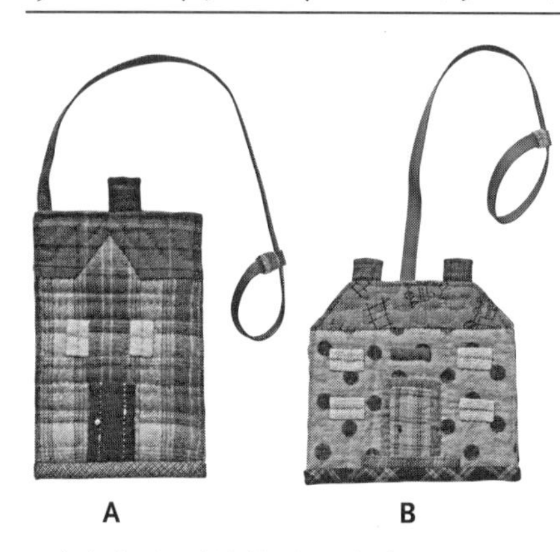

A　　　B

★出来上がり寸法（煙突を除く）
A…縦11.7cm　横8cm
B…縦10.2cm　横11cm
★実物大型紙は、付録C面に掲載。

Aの材料

木綿地
　青チェック…50×15cm（前本体・後ろ本体下側、裏布、ひも飾り布）
　赤チェック…20×10cm（後ろ本体上側、アップリケ）
　こげ茶チェック…8×4cm（煙突）
　はぎれ2種…各適宜（アップリケ）
　緑チェック…15×10cm（パイピング布）
薄手キルト綿…25×20cm
ひも…0.6cm幅　35cm
25番刺しゅう糸　グレー…適宜

Bの材料

木綿地
　水玉…60×15cm（前本体、後ろ本体下側、裏布）
　青柄…30×10cm（後ろ本体上側、アップリケ、裏布）
　茶色柄…10×10cm（煙突）
　はぎれ5種…各適宜（アップリケ、ひも飾り布）
　チェック…15×10cm（パイピング布）
薄手キルト綿…30×20cm
ひも…0.8cm幅　35cm
25番刺しゅう糸　黒…適宜

パスケースAの作り方

1 前本体にアップリケと刺しゅうをする。→図1
2 煙突を作って前本体に仮留めをする。→図2
3 アップリケをした前本体の表布と裏布を中表に合わせ、さらにキルト綿を重ねてわきと上側を縫い、キルト綿の余分をカットする。表に返してキルティングをする。→図3
4 後ろ本体上側、後ろ本体下側とも、それぞれの表布と裏布を中表に合わせ、さらにキルト綿を重ねて縫い、表に返してミシンでキルティングをする。このとき後ろ本体上側には、ひも用のテープをはさんで縫う。→図4・5
5 後ろ本体の上下を0.5cm重ね、重ねた部分に軽くしつけをかける。前本体と後ろ本体を外表に重ね、下端以外の3辺を粗くすくいとじし、端ミシンをかける。→図6
6 本体の下端をパイピング布でくるんで仕上げ、ひもの端にループを作る。→図7

パスケースBの作り方

デザインは違いますが、作り方はAと同じなので、Aの手順に沿って作ります。

パスケースAの寸法図

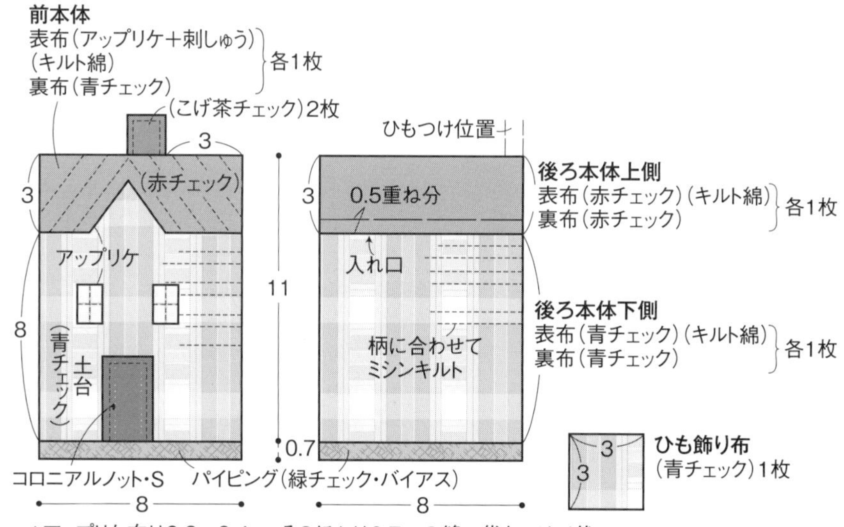

＊アップリケ布は0.3〜0.4cm、そのほかは0.7cmの縫い代をつけて裁つ
＊ひも飾り布は裁ち切り　＊パイピング布は3.5×10cmのバイアスに裁つ

パスケースBの寸法図

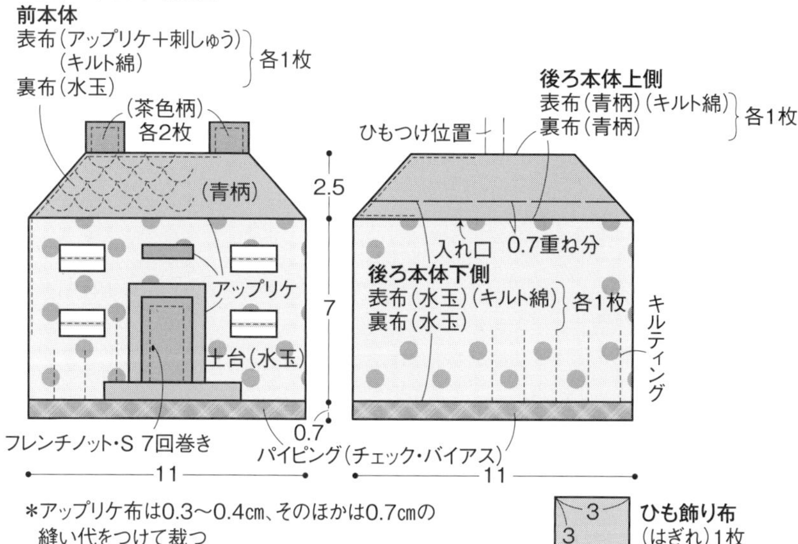

＊アップリケ布は0.3〜0.4cm、そのほかは0.7cmの縫い代をつけて裁つ
＊ひも飾り布は裁ち切り
＊パイピング布は3.5×13cmのバイアスに裁つ

図1　前本体のアップリケ

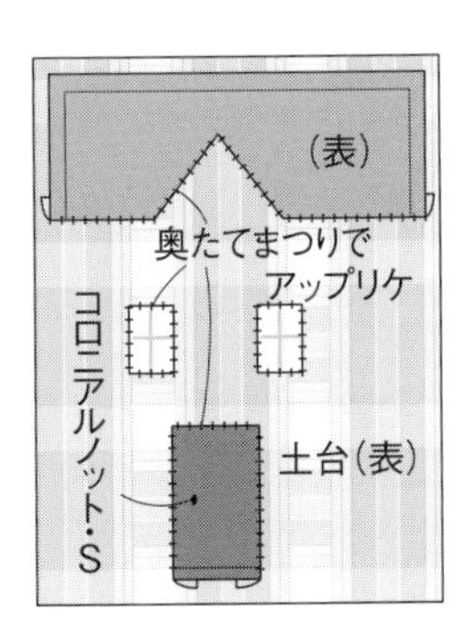

図2　煙突の縫い方

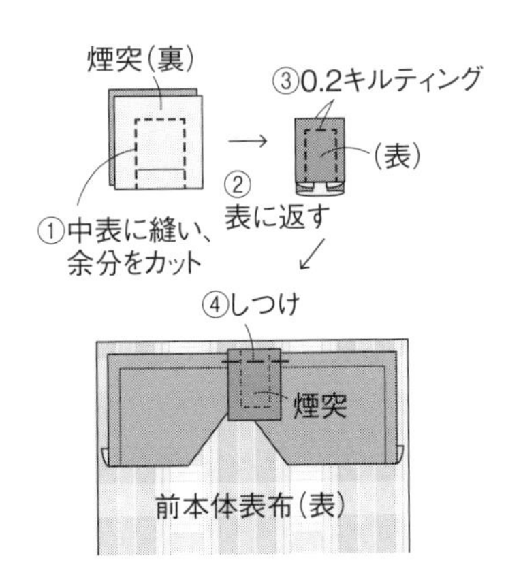

図3　前本体の縫い方

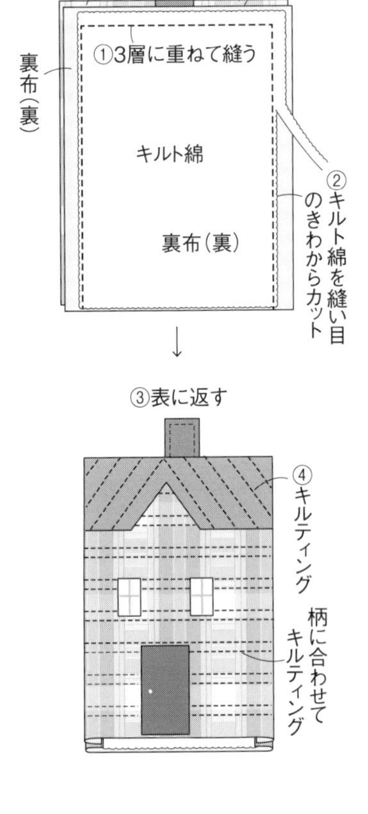

図4　後ろ本体上側の縫い方

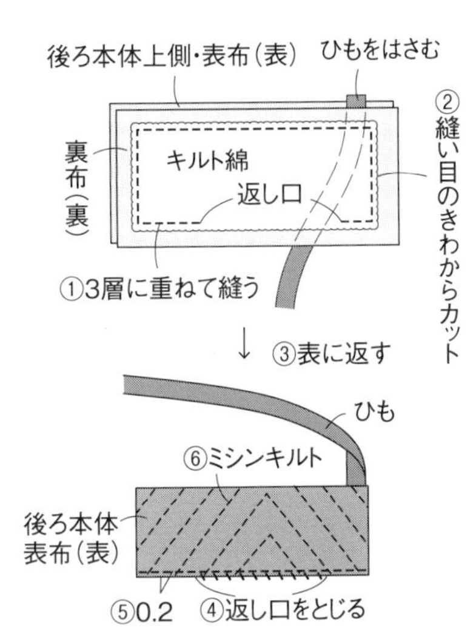

図5　後ろ本体下側の縫い方

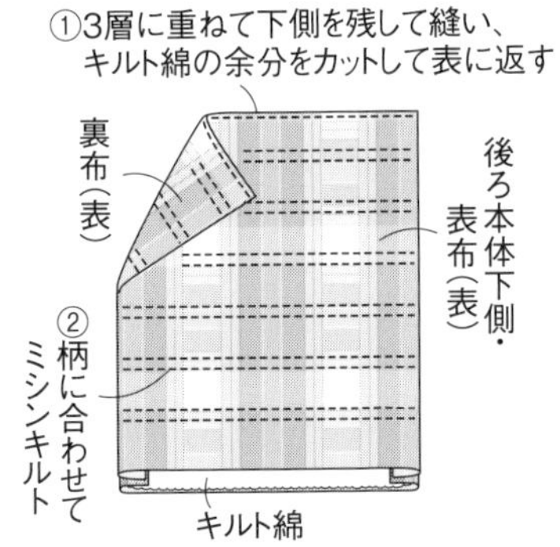

図6　前後本体の縫い合わせ

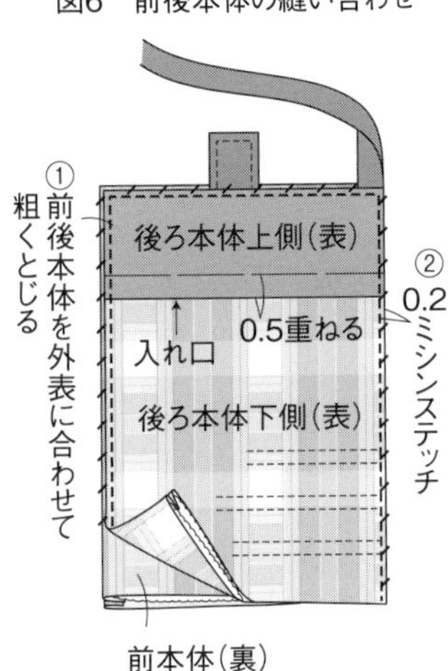

図7　ひもの始末・パスケースAの出来上がり図

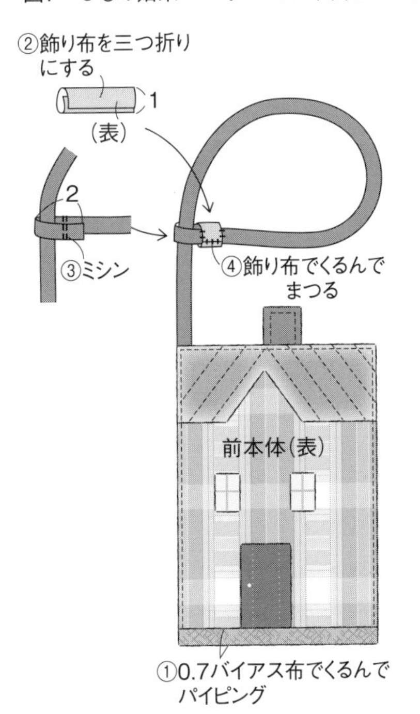

パスケースBの出来上がり図

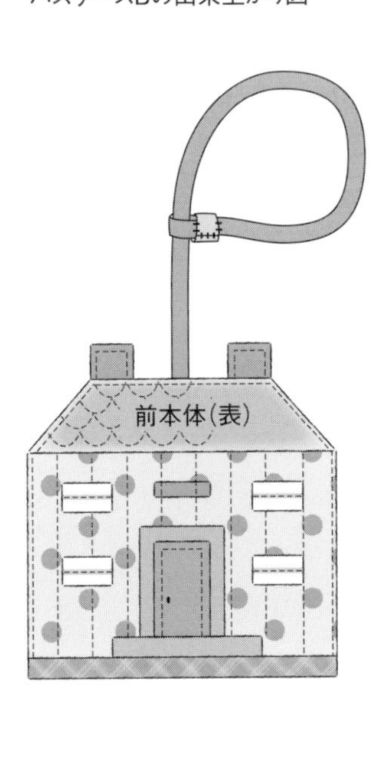

ソーイングケース
→ page 42

★出来上がり寸法
わき丈8cm　幅16cm　奥行10cm（本体のみ）
★実物大型紙は、付録C面に掲載。

材料

木綿地
はぎれ　約30種…各適宜（ピース・アップリケ・屋根A・B）
プリントⓐ…40×30cm（本体前側・本体後ろ側・本体ま側面）
プリントⓑ…40×15cm（底・ピース）
プリントⓒ…50×15cm（屋根土台布）
チェックⓓ…3.5cm幅バイアス×16cm　4本（屋根両わき用パイピング布）
チェックⓔ…3.5cm幅バイアス×27cm　1本（屋根上側用パイピング布）
プリントⓕ…20×10cm（煙突表布）
プリントⓖ…20×10cm（煙突裏布）
プリントⓗ…110×35cm（本体裏布・内ポケット・屋根裏布・ピンクッション）
無地…50×50cm（本体当て布・屋根当て布）
キルト綿…50×45cm
薄手キルト綿…50×15cm（屋根）
中厚接着しん…45×40cm（本体裏布・屋根裏布・内ポケット）
厚手接着しん…20×10cm（ピンクッション）
25番刺しゅう糸　灰色・濃いグレー・とび色…各適宜
分厚いボール紙　白…40×35cm
化繊綿…適宜

作り方

1 本体表布の各パーツごとに、ピースワークとアップリケをし、刺しゅうをする（窓のアップリケは図1を参照）。ピースワークの縫い代は上側に倒す。
2 本体前側・後ろ側・側面と底布をそれぞれ縫い合わせて1枚にする。次に当て布、キルト綿と3層に重ね、しつけをかけてキルティングをする。→図2　裏面に出来上がり線を描く。
3 内ポケットを作り、本体裏布の表面に重ねて底側を縫う。→図3
4 本体を仕上げる。→図4・5・6
5 屋根A・Bを作る。→図7
6 屋根を作る。→図8
7 屋根を仕上げる。→図9
8 91ページの寸法でピンクッションを作り、屋根の内側にまつる。→図10
9 煙突を作り、屋根にまつる。→図11

寸法図

本体前側
表布（アップリケ＋刺しゅう）
（プラスチックボード）
各1枚

刺しゅう
アップリケ
SEWING CASE
8 (7.7)
プリントⓑ
16(15.7)

本体側面
表布（アップリケ＋刺しゅう）
（プラスチックボード）
各2枚

本体後ろ側
表布（アップリケ＋刺しゅう）
（プラスチックボード）
各1枚

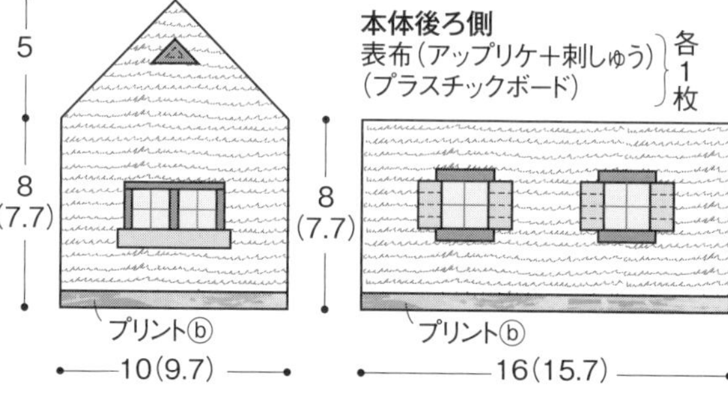

屋根
土台布（プリントⓒ）
当て布（無地）
（薄手キルト綿）
裏布（プリントⓗ）
（中厚接着しん）
（プラスチックボード）
各2枚

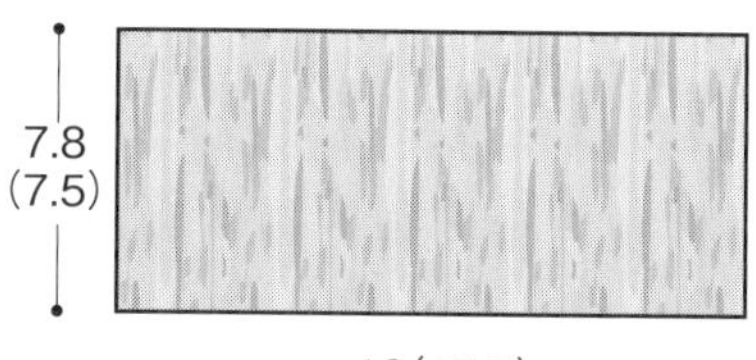

屋根アップリケ布
（はぎれ）100枚
屋根A用布
（はぎれ）8枚
屋根B用布
（はぎれ）40枚

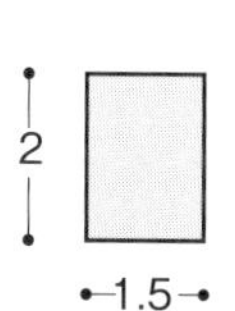

煙突左側・前側・右側・後ろ側
表布（プリントⓕ）
（キルト綿）
裏布（プリントⓖ）
各1枚

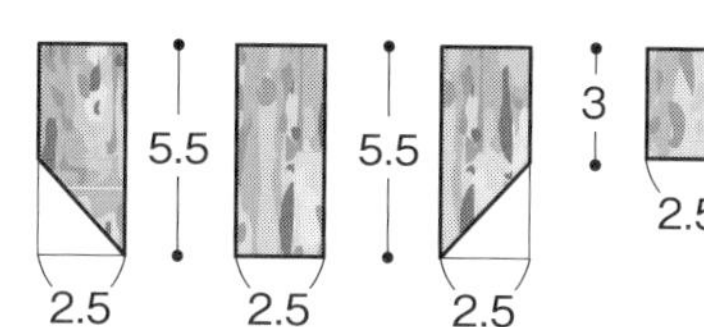

底
表布（プリントⓑ）
（プラスチックボード）
各1枚

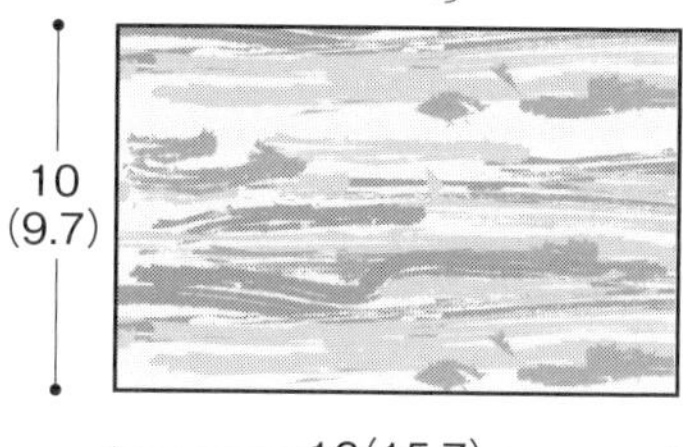

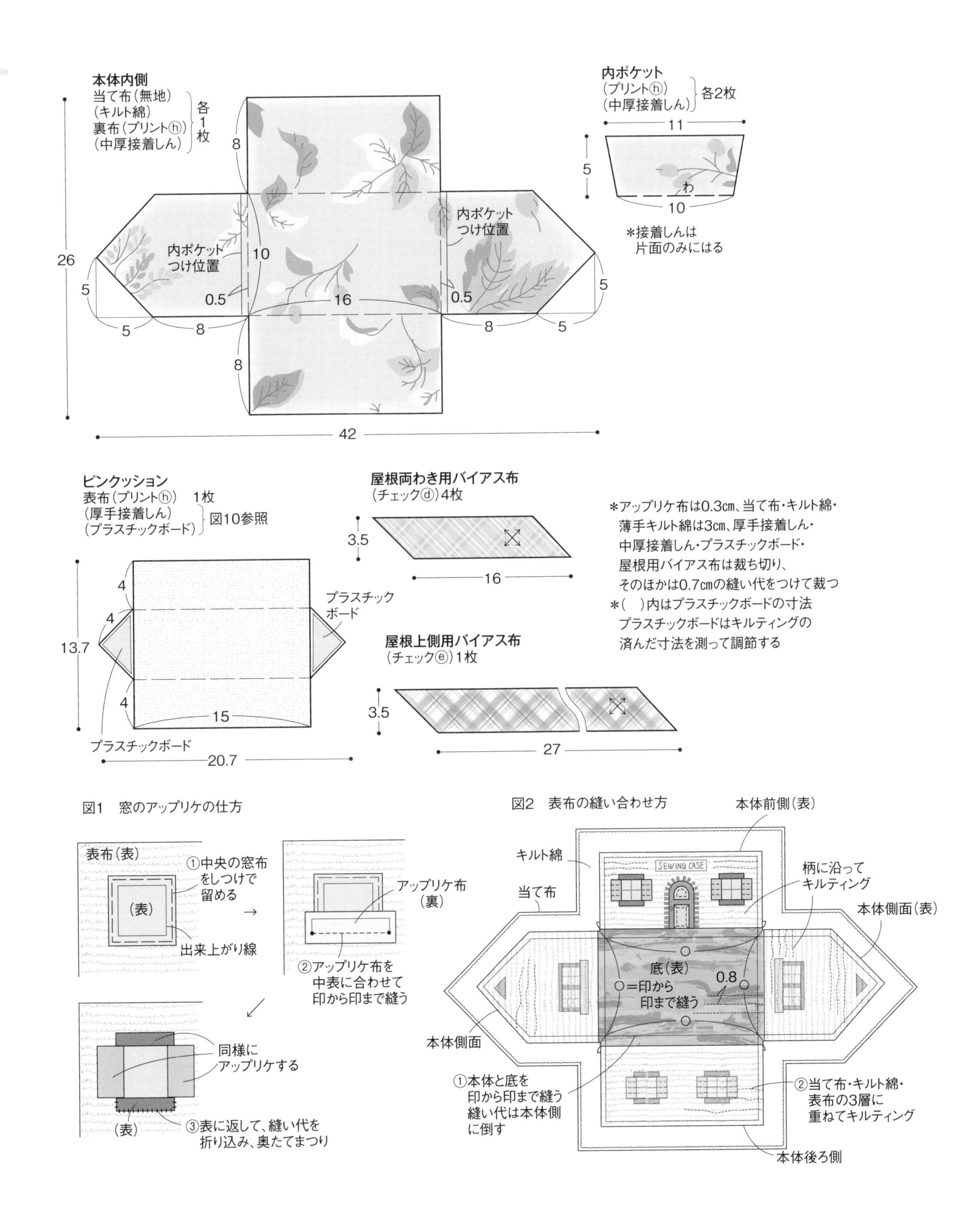
本体内側
当て布(無地)
(キルト綿)
裏布(プリントⓗ)
(中厚接着しん)
各1枚
8
26
内ポケット
つけ位置
10
0.5
16
5
8
42
内ポケット
(プリントⓗ)
(中厚接着しん)
各2枚
11
5
わ
10
*接着しんは
片面のみにはる
ピンクッション
表布(プリントⓗ) 1枚
(厚手接着しん)
(プラスチックボード)
図10参照
4
13.7
15
プラスチック
ボード
20.7
屋根両わき用バイアス布
(チェックⓓ)4枚
3.5
16
屋根上側用バイアス布
(チェックⓔ)1枚
27
*アップリケ布は0.3㎝、当て布・キルト綿・
薄手キルト綿は3㎝、厚手接着しん・
中厚接着しん・プラスチックボード・
屋根用バイアス布は裁ち切り、
そのほかは0.7㎝の縫い代をつけて裁つ
*( )内はプラスチックボードの寸法
プラスチックボードはキルティングの
済んだ寸法を測って調節する
図1 窓のアップリケの仕方
表布(表)
(表)
①中央の窓布
をしつけで
留める
出来上がり線
アップリケ布
(裏)
②アップリケ布を
中表に合わせて
印から印まで縫う
同様に
アップリケする
(表)
③表に返して、縫い代を
折り込み、奥たてまつり
図2 表布の縫い合わせ方
本体前側(表)
キルト綿
当て布
SEWING CASE
柄に沿って
キルティング
本体側面(表)
底(表)
○=印から
印まで縫う
0.8
本体側面
①本体と底を
印から印まで縫う
縫い代は本体側
に倒す
②当て布・キルト綿・
表布の3層に
重ねてキルティング
本体後ろ側

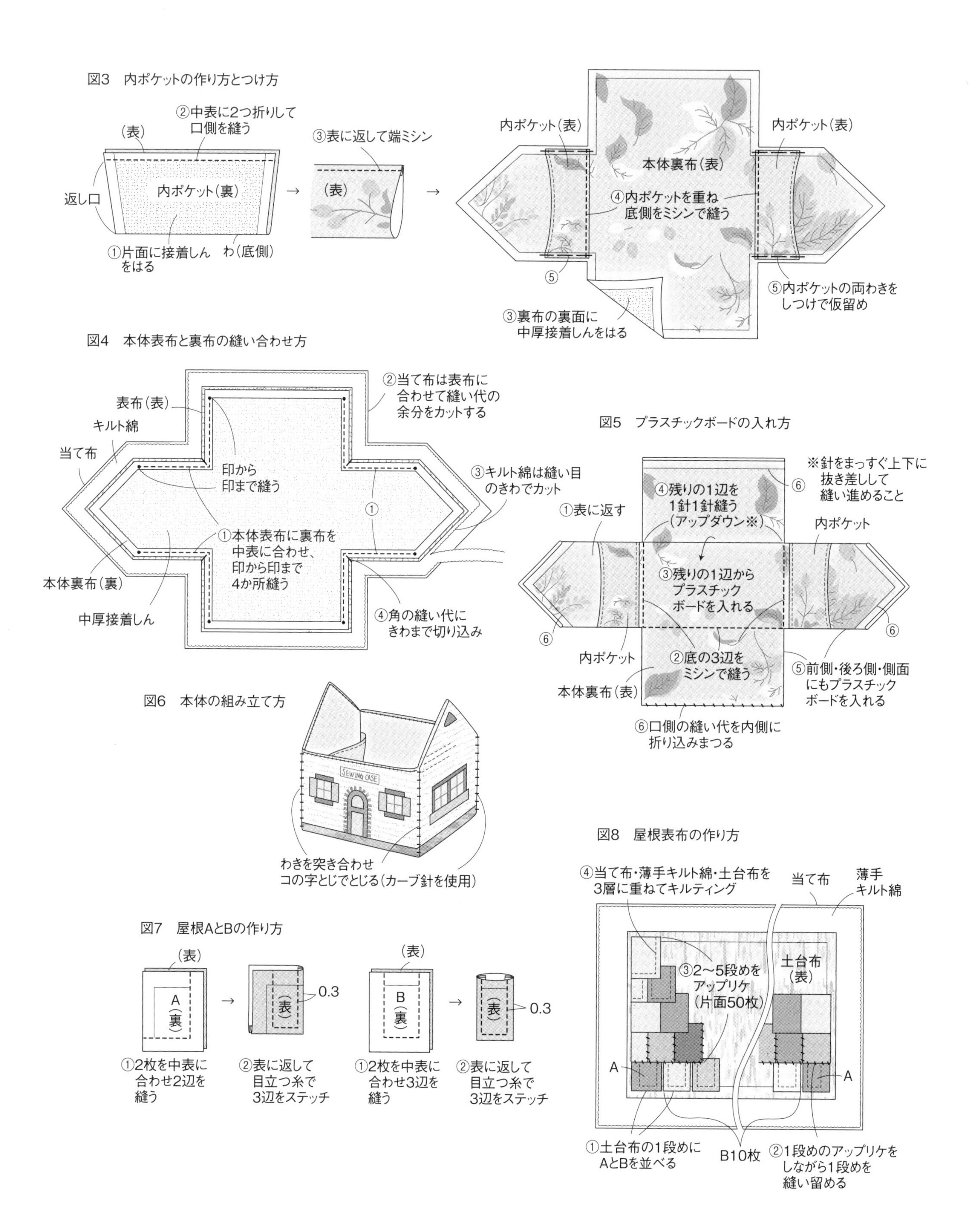
図3　内ポケットの作り方とつけ方
②中表に2つ折りして
口側を縫う
(表)
返し口
内ポケット(裏)
①片面に接着しん
をはる
わ(底側)
③表に返して端ミシン
(表)
内ポケット(表)
内ポケット(表)
本体裏布(表)
④内ポケットを重ね
底側をミシンで縫う
⑤
⑤内ポケットの両わきを
しつけで仮留め
③裏布の裏面に
中厚接着しんをはる
図4　本体表布と裏布の縫い合わせ方
②当て布は表布に
合わせて縫い代の
余分をカットする
表布(表)
キルト綿
当て布
印から
印まで縫う
③キルト綿は縫い目
のきわでカット
①
①本体表布に裏布を
中表に合わせ、
印から印まで
4か所縫う
本体裏布(裏)
中厚接着しん
④角の縫い代に
きわまで切り込み
図5　プラスチックボードの入れ方
※針をまっすぐ上下に
抜き差しして
縫い進めること
⑥
④残りの1辺を
1針1針縫う
(アップダウン※)
①表に返す
内ポケット
③残りの1辺から
プラスチック
ボードを入れる
⑥
⑥
内ポケット
②底の3辺を
ミシンで縫う
本体裏布(表)
⑤前側・後ろ側・側面
にもプラスチック
ボードを入れる
⑥口側の縫い代を内側に
折り込みまつる
図6　本体の組み立て方
SEWING CASE
わきを突き合わせ
コの字とじでとじる(カーブ針を使用)
図7　屋根AとBの作り方
(表)
A
(裏)
(表)
0.3
(表)
B
(裏)
(表)
0.3
①2枚を中表に
合わせ2辺を
縫う
②表に返して
目立つ糸で
3辺をステッチ
①2枚を中表に
合わせ3辺を
縫う
②表に返して
目立つ糸で
3辺をステッチ
図8　屋根表布の作り方
④当て布・薄手キルト綿・土台布を
3層に重ねてキルティング
当て布
薄手
キルト綿
③2〜5段めを
アップリケ
(片面50枚)
土台布
(表)
A
A
①土台布の1段めに
AとBを並べる
B10枚
②1段めのアップリケを
しながら1段めを
縫い留める

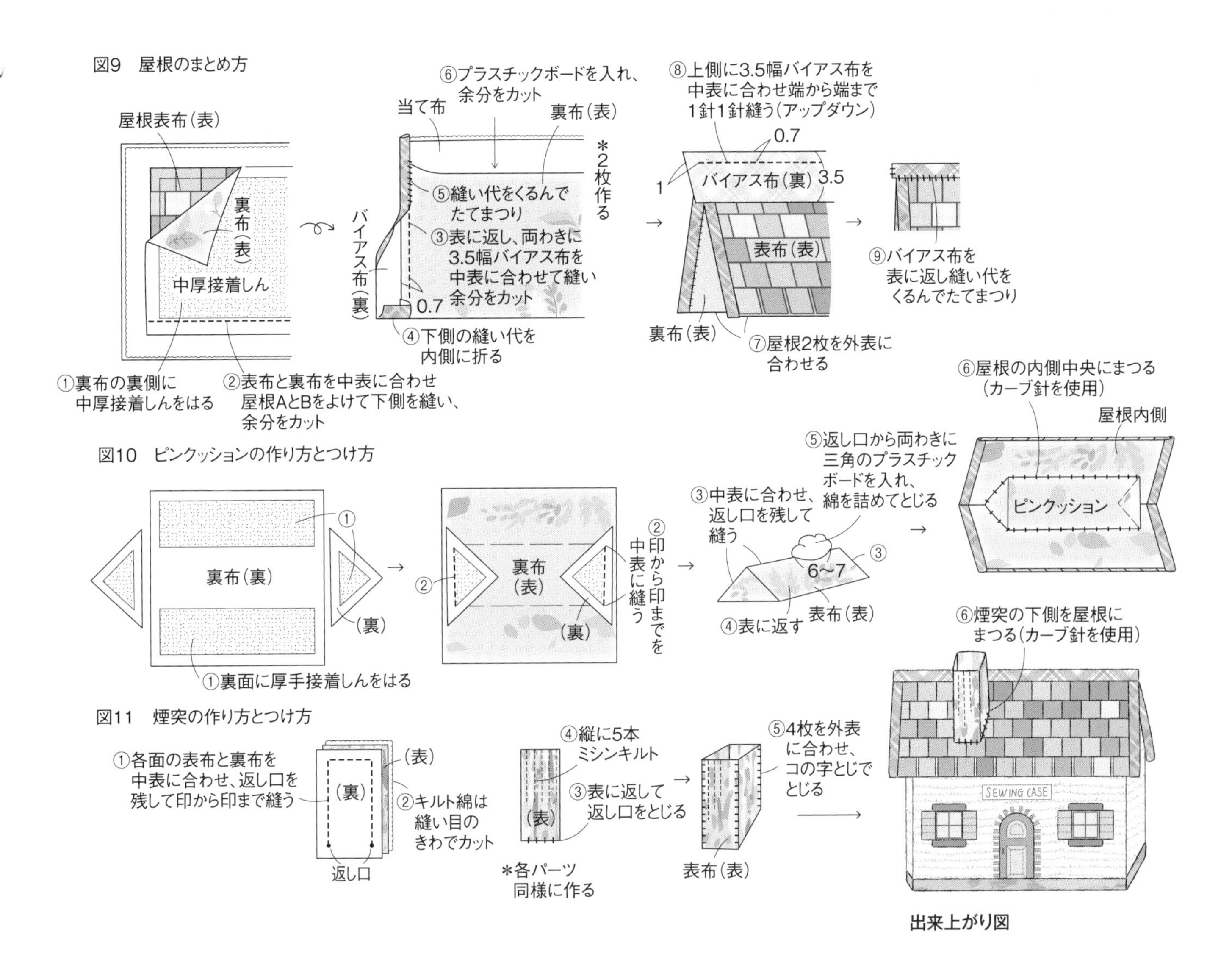

めがねケース

→ page 46

★出来上がり寸法
丈6.3cm　口幅17cm
★実物大型紙は、付録D面に掲載。

材料

木綿地
　はぎれ13種…各適宜(ピース・アップリケ)
　水玉…10×5cm(タブ)
　チェックⓐ…20×20cm(口布)
　チェックⓑ…30×30cm(まち・裏布)
片面接着キルト綿…20×20cm
薄手接着しん…12×5cm
25番刺しゅう糸　グレー・濃いグレー…各適宜
マグネット…直径1cm　3組
プラスチックボード…20×20cm

作り方

1 ピースワークとアップリケ、刺しゅうをして本体表布を作る。→寸法図
2 本体表布と裏布を中表に合わせ、さらに裏布の裏面に接着面を外側にしたキルト綿を重ねて両わきを縫う。キルト綿の余分をカットし、表に返してアイロンをかけ、キルト綿を接着させる。→図1(①②)
3 本体を作る。→図1(③～⑦)
4 タブを作る(82ページ図3参照)。タブを口布につける。→図2
5 本体表布と口布(外側のみ)を中表に合わせる。口側を印から印まで縫い、縫い代を切りそろえて表に返す。マグネットを口布内側の裏3か所に入れ、両わきを縫い留め、口布内側をまつる。→図3
6 まちを作り、本体の両わきに外表に合わせて2辺を巻きかがりでつける。→図4

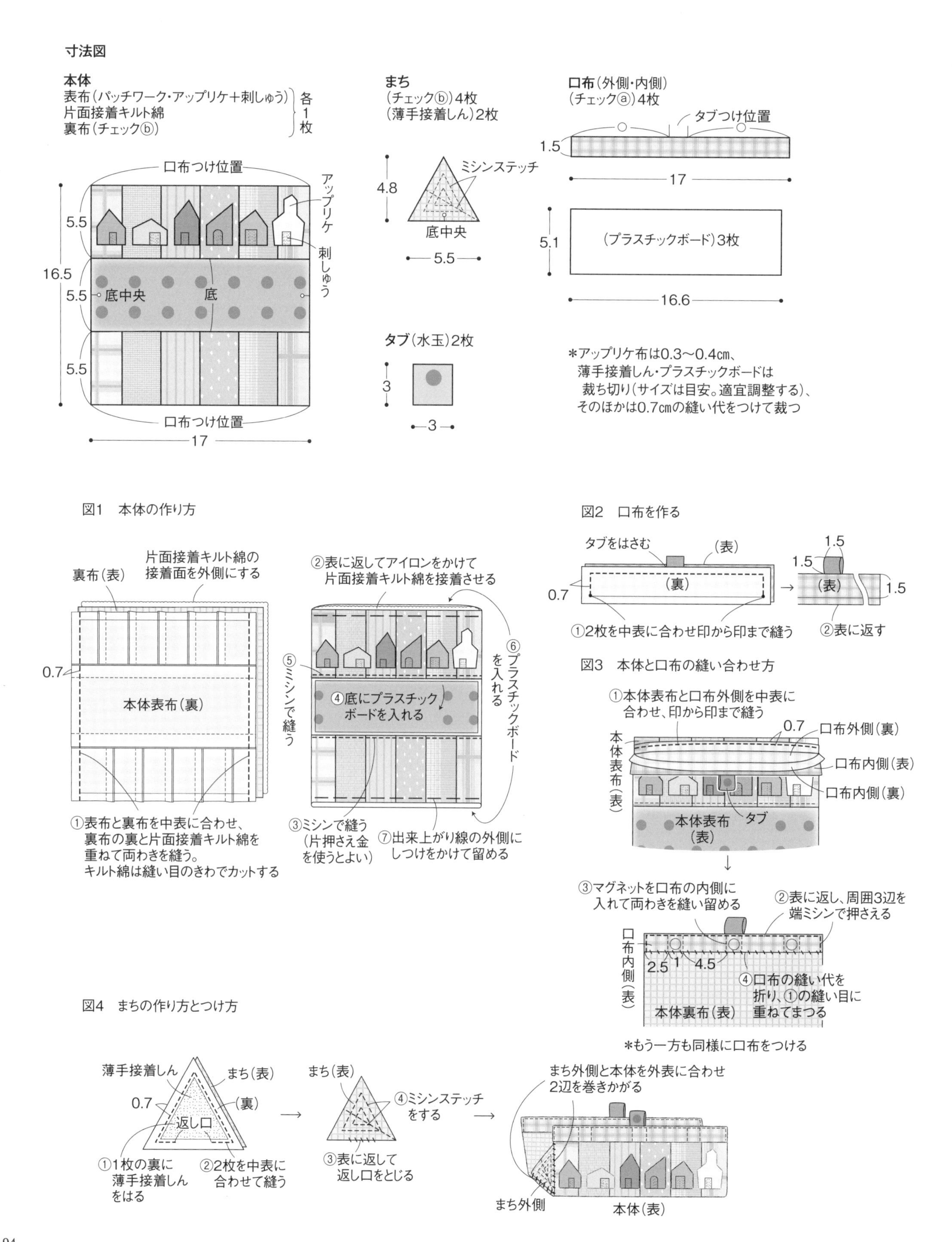
寸法図
本体
表布(パッチワーク・アップリケ+刺しゅう)
片面接着キルト綿
裏布(チェックⓑ)
各1枚
口布つけ位置
アップリケ
刺しゅう
5.5
16.5
5.5
底中央
底
5.5
口布つけ位置
17
まち
(チェックⓑ)4枚
(薄手接着しん)2枚
ミシンステッチ
4.8
底中央
5.5
タブ(水玉)2枚
3
3
口布(外側・内側)
(チェックⓐ)4枚
タブつけ位置
1.5
17
5.1
(プラスチックボード)3枚
16.6
*アップリケ布は0.3~0.4cm、
薄手接着しん・プラスチックボードは
裁ち切り(サイズは目安。適宜調整する)、
そのほかは0.7cmの縫い代をつけて裁つ
図1 本体の作り方
裏布(表)
片面接着キルト綿の
接着面を外側にする
0.7
本体表布(裏)
①表布と裏布を中表に合わせ、
裏布の裏と片面接着キルト綿を
重ねて両わきを縫う。
キルト綿は縫い目のきわでカットする
②表に返してアイロンをかけて
片面接着キルト綿を接着させる
⑤ミシンで縫う
④底にプラスチック
ボードを入れる
⑥プラスチックボードを入れる
③ミシンで縫う
(片押さえ金
を使うとよい)
⑦出来上がり線の外側に
しつけをかけて留める
図2 口布を作る
タブをはさむ
(表)
(裏)
0.7
①2枚を中表に合わせ印から印まで縫う
1.5
1.5
(表)
1.5
②表に返す
図3 本体と口布の縫い合わせ方
①本体表布と口布外側を中表に
合わせ、印から印まで縫う
0.7
口布外側(裏)
本体表布(表)
口布内側(表)
口布内側(裏)
タブ
本体表布
(表)
③マグネットを口布の内側に
入れて両わきを縫い留める
②表に返し、周囲3辺を
端ミシンで押さえる
口布内側(表)
2.5
1
4.5
④口布の縫い代を
折り、①の縫い目に
重ねてまつる
本体裏布(表)
*もう一方も同様に口布をつける
図4 まちの作り方とつけ方
薄手接着しん
まち(表)
0.7
(裏)
返し口
①1枚の裏に
薄手接着しん
をはる
②2枚を中表に
合わせて縫う
まち(表)
④ミシンステッチ
をする
③表に返して
返し口をとじる
まち外側と本体を外表に合わせ
2辺を巻きかがる
まち外側
本体(表)

アルザスの街 → page 48

★出来上がり寸法
縦48cm　横48cm
★実物大型紙は、付録B面に掲載。

材料

木綿地
はぎれ約60種…各適宜（アップリケ）
プリント…50×50cm（土台布）
チェック柄…85×55cm（裏布・縫い代の始末用バイアス布）
キルト綿…55×55cm
25番刺しゅう糸　濃いグレー・グレー・茶色…各適宜

作り方

1 土台布にアップリケと刺しゅうをして表布を仕上げる。アップリケは、まず1つ1つの家のパターンをピースワークして作り、後ろ側（奥にあたる部分）から順番に奥たてまつりでアップリケしていく。
2 裏布、キルト綿、表布の3層に重ねてしつけをかけてキルティングをする。→寸法図
3 周囲に2.5cm幅バイアス布を合わせて縫い、縫い代を裏布側に倒してくるみ、まつって始末する。
＊アップリケの仕方、バイアス布の裁ち方については68ページ参照。

寸法図

表布（アップリケ＋刺しゅう）
（キルト綿）
裏布（チェック）
各1枚

縫い代のくるみ方

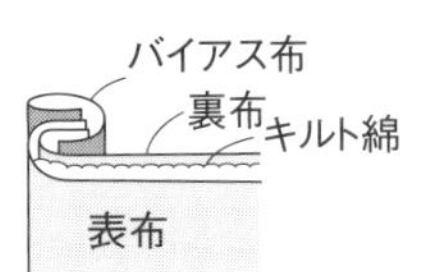

＊アップリケ布は0.3～0.4cm、土台布は1cm、キルト綿・裏布は3cmの縫い代をつけて裁つ
＊周囲の縫い代の始末用バイアス布（チェック）は2.5cm×50cmを4本裁つ

斉藤謠子（さいとう・ようこ）
パッチワーク・キルト作家、布作家。洋裁、和裁を学んだあと、アメリカのアンティークキルトに興味を持ちパッチワークを始める。その後ヨーロッパや北欧にも目を向け、独自の色使いとデザインの作品を製作している。基礎をていねいに押さえた作品づくりに定評があり、スクールや通信講座で講師を務めるほか、海外でも作品展や講習会を行うなど人気が高い。著書に『斉藤謠子の愛しいキルト　北欧を旅して』『斉藤謠子の毎日着る服、毎日持つ布バッグ』『斉藤謠子の いま持ちたいキルトバッグ』（以上、NHK出版）ほか多数。

斉藤謠子キルトスクール＆ショップ　キルトパーティ（株）
〒272-0034　千葉県市川市市川1-23-2　アクティブ市川2F
TEL 047-324-3277　FAX 047-325-2788　http://www.quilt.co.jp/

作品製作スタッフ　山田数子、中嶋恵子、石田照美、小泉朋子

ブックデザイン　縄田智子　L'espace
撮影　新居明子（口絵）
下瀬成美（作り方）
スタイリング　池水陽子
作り方解説　百目鬼尚子、櫻岡知栄子
本文・型紙トレース　tinyeggs studio（大森裕美子）
校正　山内寛子
編集協力　増澤今日子
編集　高野千晶（NHK出版）

撮影協力　AWABEES 03-5786-1600
TITLES 03-6434-0421
UTUWA

斉藤謠子のハウス大好き

2017年1月25日　第1刷発行
2021年6月20日　第3刷発行

著　者　斉藤謠子

発行者　森永公紀
発行所　NHK出版
〒150-8081　東京都渋谷区宇田川町41-1
TEL 0570-009-321（問い合わせ）
TEL 0570-000-321（注文）
ホームページ　https://www.nhk-book.co.jp
振替　00110-1-49701
印刷・製本　凸版印刷

Printed in Japan
ISBN 978-4-14-031206-3　C2077